交通职业教育教学指导委员会推荐教材
中等职业院校公路施工与养护专业教学用书

全国技工学校通用教材

Gonglu Gongcheng Xianchang Jiance Jishu

公路工程现场检测技术

钱 进 主编
郭秀芹 主审

人民交通出版社

内 容 提 要

本书是全国技工学校通用教材，由交通职业教育教学指导委员会公路（技工）专业指导委员会组织编写。本书主要介绍公路工程现场检测的基本原理、检测方法及数据处理方法。其内容包括：厚度、压实度、平整度、抗滑性能、回弹弯沉、混凝土无损检测以及交通工程设施等的检测技术。

本书是中等职业院校公路施工与养护专业的教学用书，也可供相关专业教学使用，或作为职业技能培训教材。

图书在版编目(CIP)数据

公路工程现场检测技术/钱进主编.—北京：人民交通出版社，2009.6

ISBN 978-7-114-07751-7

I.公… II.钱… III.道路工程-检测 IV.U41

中国版本图书馆CIP数据核字(2009)第091666号

书　　名：公路工程现场检测技术
著 作 者：钱　进
责任编辑：袁　方
出版发行：人民交通出版社
地　　址：（100011）北京市朝阳区安定门外外馆斜街3号
网　　址：http：//www.ccpress.com.cn
销售电话：（010）59757973
总 经 销：人民交通出版社发行部
经　　销：各地新华书店
印　　刷：北京交通印务实业公司
开　　本：787×1092　1/16
印　　张：6.75
字　　数：163千
版　　次：2009年8月　第1版
印　　次：2013年6月　第4次印刷
书　　号：ISBN 978-7-114-07751-7
印　　数：9001-12000册
定　　价：15.00元

前　言

全国交通技工学校公路施工与养护专业第一轮通用教材于2001年5月出版，至今已有7年，为本专业的人才培养起到了极其重要的作用。但随着教学模式的变革及知识与技术的更新，该套教材已显陈旧。为此，经交通职业教育教学指导委员会公路(技工)专业指导委员会研究，决定对公路施工与养护专业的教学计划和课程内容进行修订，并在此基础上编写第二轮教材。在本套教材编写过程中，我们力求做到以下几点：

第一，立足行业。从用人单位的岗位要求入手，分析现代公路建设对专业技术工人的能力结构要求，确定课程体系，明确教学目标，强化教材的针对性和实用性。

第二，立足国家职业标准。本教材以国家职业标准为依据，使教材涵盖了公路施工与养护职业或工种的相关要求，便于双证书制度在人才培养过程中的落实。

第三，立足学生的实际基础情况和学习规律。本教材充分考虑了技工学校学生的基础和学习特点，尽力摒弃冗长的理论叙述和复杂的公式，力求做到以图代文、通俗易懂、简明扼要。

第四，根据公路施工和养护技术的发展趋势，适当地加入了新知识和新技术的内容，使全书教学内容更趋合理。

第五，本套教材的每门课程都配有复习思考题，便于学生对知识的学习和巩固。

《公路工程现场检测技术》是全国技工学校公路施工与养护专业通用教材之一，内容包括：概论；试验检测数据处理；路基路面几何尺寸及路面结构层厚度检测；路基路面压实度检测；路基路面平整度检测；等等。

参加本书编写工作的有：江苏省交通技师学院钱进(编写单元一、单元二、单元三、单元八)、唐山市公路技工学校孙淑艳(编写单元五、单元七)、江苏省交通技师学院朱中文(编写单元六、单元九)、广西公路技工学校刘飞斌(编写单元四)。全书由钱进担任主编，山东公路高级技工学校郭秀芹担任主审。公路(技工)专业指导委员会聘请山东省公路高级技工学校刘治新担任本套教材的总统稿人。

本套教材在编写过程中得到了全国17个省市交通技工学校领导的大力支持和帮助，共有80余名教师参加了教材的编审工作，在此表示感谢!

由于我们的业务水平和教学经验有限，书中难免有不妥之处，恳请使用本书的广大读者批评指正，并提出宝贵的建议。

交通职业教育教学指导委员会
公路(技工)专业指导委员会
2009年1月

目　录

单元一　概　　论

知识点：

1. 试验检测的目的和意义；
2. 公路工程质量检验评定方法。

技能点：

能进行公路工程质量检验评定。

课题一　概　　述

一、试验检测的目的和意义

在公路建设中，为了加强公路工程施工质量管理，工程建设实行“政府监督、社会监理和企业自检”的质量保证体系，而各级质量监督部门、建设监理机构以及承担施工任务的企业控制质量的主要手段，则是依据国家有关部门颁布的有关法规、技术标准、规范和规程进行各类试验检测，以确保监督、监理和自检工作的有效实施。

工程试验检测工作是公路工程施工技术管理中的一个重要组成部分，也是施工质量控制和竣工验收评定工作中不可缺少的一个主要环节。通过试验检测能充分地利用当地的原材料，能迅速推广应用新材料、新技术和新工艺；能用定量的方法科学地评定各种材料和构件的质量；能合理地控制并科学地评定工程质量。因此，工程质量检测工作对于提高工程质量、加快工程进度、降低工程造价、推动公路工程施工技术进步，将起到极为重要的作用。公路工程试验检测技术是一门正在发展的新兴学科，它融试验检测基本理论和测试操作技能及公路工程相关学科基础知识于一体，是工程设计参数、施工质量控制、施工验收评定、养护管理决策及各种技术规范和规程修订的主要依据之一。

作为工程试验检测人员或质量控制管理人员，在整个施工期间应领会设计文件，熟悉现行施工技术规范和试验检测规程，严格做好公路工程材料质量、施工控制参数、现场施工过程质量和分部分项工程验收四个关键环节的把关工作，真正为公路建设提供科学依据。

二、试验检测人员要求

为确保检测工作质量，试验检测人员必须认真履行岗位职责，应根据以下要求，做好本职工作，努力提高自己的业务能力。

(1)试验检测人员应经过培训，考核合格，并取得相应的试验检测证书后方可上岗操作。在操作过程中应熟悉检测任务、检测内容与检测项目；合理选择检测仪器，熟悉仪器的性能；对检测仪器会进行日常保养。

(2)试验检测人员应掌握所从事检测项目的技术标准、技术规范与技术规程；了解本领域国内外测试技术、检测仪器的现状及发展方向，并具有学习与应用国内外最新检测技术的能力。

(3)试验检测人员应能正确如实地填写原始记录。原始记录不得用铅笔填写,必须有检测人员、计算和校核人员的签名。原始记录如确需更改,作废数据上应画两条水平线,将正确数据填在上方,盖更改人的印章。原始记录保管期不得少于两年。检测结果必须由具有本领域五年以上工作经验者校核,校核者必须在检验记录和报告中签字,以示负责。

(4)试验检测人员应了解计量法常识及国际单位制基本内容,能运用数理统计方面的知识对检测结果进行数据处理。

(5)试验检测人员要坚持原则、工作严谨、忠于职守、作风正派、秉公办事,不弄虚作假。

课题二　公路工程质量检验评定方法

一、公路工程质量检验与等级评价依据

现行《公路工程质量检验评定标准》(JTG F80/1—2004),适用于公路工程施工单位、工程监理单位、建设单位、质量检测机构和质量监督部门对公路工程质量的管理、监控和检验评定;适用于四级及四级以上公路新建、改建工程,是公路工程检查与验收的质量评定依据。

考虑建设任务、施工管理和质量控制的需要,建设项目划分为单位工程、分部工程、分项工程三级。在单位工程中,按结构部位、路段长度及施工特点或施工任务划分为若干个分部工程;在分部工程中,按不同的施工方法、材料、工序及路段长度等划分为若干个分项工程。施工单位应按照此种工程划分进行质量自检和资料汇总,质量监督部门再按照此种工程划分逐级进行工程质量等级评定。路基、路面和桥涵的单位工程中分部和分项的划分内容,详见表 1-1 和表 1-2。

路基、路面单位工程中分部及分项工程的划分　　表 1-1

单位工程	分部工程	分项工程
路基工程 (每 10km 或每标段)	路基土石方工程* (1～3km 路段)	土方路基*,石方路基*,软土地基*,土工合成材料处治层*等
	排水工程 (1～3km 路段)	管节预制,管道基础及管节安装*,检查(雨水)井砌筑*,土沟,浆砌排水沟*,盲沟,跌水槽,急流槽*,水簸箕,排水泵站等
	小桥及符合小桥标准的通道*,人行天桥,渡槽(每座)	基础及下部构造*、上部构造预制、安装或浇筑*,桥面*,栏杆,人行道等
	涵洞、通道 (1～3km 路段)	基础及下部构造*,主要构件预制、安装或浇筑*,填土,总体等
	砌筑防护工程 (1～3km 路段)	挡土墙*,墙背填土,抗滑桩*,锚喷防护*,锥形护坡,导流工程,石笼防护等
	大型挡土墙*,组合式挡土墙*(每处)	基础*,墙身*,墙背填土,构件预制*,构件安装*,锚杆,拉杆,总体*等
路面工程 (每 10km 或每标段)	路面工程* (1～3km 路段)	底基层,基层*,面层*,垫层,联结层,路缘石,人行道、路肩,路面边缘排水系统等

注:①表内标注*号者为主要工程,评分时给予 2 的权值,未标注*号者为一般工程,权值为 1。

②按路段长度划分的分部工程,高速公路、一级公路宜取低值,二级及二级以下公路可取高值。

桥涵单位工程中分部及分项工程的划分

表 1-2

单位工程	分部工程	分项工程
桥梁工程（特大、大、中桥）	基础及下部构造*（每桥或每墩台）	扩大基础，桩基*，地下连续墙*，承台，沉井*，桩的制作*，钢筋加工及安装，墩台身（砌体）浇筑*，墩台身安装，墩台帽*，组合桥台*，台背填土，支座垫石和挡块等
	上部构造预制和安装*	主要构件预制*，其他构件预制，钢筋加工及安装，预应力筋的加工和张拉*，梁板安装，悬臂拼装*，顶推施工梁*，拱圈节段预制，拱的安装，转体施工拱*，劲性骨架拱肋安装*，钢管拱肋制作*，钢管拱肋安装*，吊杆制作和安装*，钢梁制作*，钢梁安装，钢梁防护*等
	上部构造现场浇筑*	钢筋加工及安装，预应力筋的加工和张拉*，主要构件浇筑*，其他构件浇筑，悬臂浇筑*，劲性骨架混凝土*，钢管混凝土拱*等
	总体、桥面系和附属工程	桥梁总体*，桥面防水层施工，桥面铺装*，钢桥面铺装*，支座安装，搭板，伸缩缝安装，大型伸缩缝安装*，栏杆安装，混凝土护栏，人行道铺设，灯柱安装等
	防护工程	护坡，护岸*，导流工程*，石笼防护，砌石工程等
	引道工程	路基*，路面*，挡土墙*，小桥*，涵洞*，护栏等
互通立交工程	桥梁工程*（每座）	桥梁总体，基础及下部构造*，上部构造预制、安装或浇筑*，支座安装，支座垫石，桥面铺装*，护栏，人行道等
	主线路基路面工程*（1～3km 路段）	见表 1-1 路基、路面等分项工程
	匝道工程（每条）	路基*，路面*，通道*，护坡，挡土墙*，护栏等
隧道工程	总体	隧道总体*等
	明洞	明洞浇筑，明洞防水层，明洞回填*等
	洞口工程	洞口开挖，洞口边仰坡防护，洞门和翼墙的浇（砌）筑，截水沟、洞口排水沟等
	洞身开挖	洞身开挖*（分段）等
	洞身衬砌	（钢纤维）喷射混凝土支护，锚杆支护，钢筋网支护，仰拱，混凝土衬砌*，钢支撑，衬砌钢筋等
	防（排）水	防水层、止水带、排水沟等
	隧道路面	基层*、面层*等
	装饰	装饰工程
	辅助施工措施	超前锚杆、超前钢管等
交通安全设施（每 20km 或每标段）	标志*（5～10km 路段）	标志*
	标线、突起路标（5～10km 路段）	标线*、突起路标等
	护栏*、轮廓标（5～10km 路段）	波形梁护栏*、缆索护栏*、混凝土护栏*、轮廓标等
	防眩设施（5～10km 路段）	防眩板等
	隔离栅、防落网（5～10km 路段）	隔离栅、防落网等

注：表内标注＊号者为主要工程，评分时给以 2 的权值；未标注＊号者为一般工程，权值为 1。

二、工程质量评分方法

施工单位应对各分项工程按《公路工程质量检验评定标准》(JTG F80/1—2004)所列基本要求、实测项目和外观鉴定进行自检,按分项工程质量检验评定表及相关施工技术规范提交真实、完整的自检资料,对工程质量进行自我评定。工程监理单位应按规定要求对工程质量进行独立抽检,对施工单位检评资料进行签认,并对工程质量进行评定。建设单位应根据对工程质量的检查及平时掌握的情况,对工程监理单位所作出的工程质量评分及等级进行审定。

工程质量检验评分以分项工程为单元,采用100分制进行。在分项工程评分的基础上,逐级计算各相应分部工程、单位工程、合同段和建设项目评分值。

1.分项工程质量评分

分项工程质量检验内容,包括基本要求、实测项目、外观鉴定和质量保证资料四个部分。只有在其使用的原材料、半成品、成品及施工工艺符合基本要求的规定,且无严重外观缺陷和质量保证资料真实并基本齐全时,才能对分项工程质量进行检验评定。

涉及结构安全和使用功能的重要实测项目为关键项目(以"△"标识),其合格率不得低于90%(属于工厂加工制造的桥梁金属构件不低于95%,机电工程为100%),且检测值不得超过规定极值,否则必须进行返工处理。

实测项目的规定极值是指任一单个检测值都不能突破的极限值,不符合要求时该实测项目为不合格。

采用统计方法进行评定的关键项目,不符合要求时则该分项工程评为不合格。

分项工程的评分值满分为100分,按实测项目采用加权平均法计算。存在外观缺陷或资料不全时,须予以减分。

$$\text{分项工程得分} = \frac{\sum[\text{检查项目得分} \times \text{权值}]}{\sum \text{检查项目权值}}$$

$$\text{分项工程评分值} = \text{分项工程得分} - \text{外观缺陷减分} - \text{资料不全减分}$$

(1)基本要求检查

分项工程所列基本要求,对施工质量优劣具有关键作用,应按基本要求对工程进行认真检查。经检查不符合基本要求规定时,不得进行工程质量的检验和评定。

(2)实测项目计分

对规定检查项目采用现场抽样方法,按照规定频率和下列计分方法对分项工程的施工质量直接进行检测计分。

检查项目除按数理统计方法评定的项目以外,均应按单点(组)测定值是否符合标准要求进行评定,并按合格率计分。

$$\text{检查项目合格率}(\%) = \frac{\text{检查合格的点(组)数}}{\text{该检查项目的全部检查点(组)数}} \times 100\%$$

$$\text{检查项目得分} = \text{检查项目合格率} \times 100$$

对于路基路面的压实度、弯沉值、路面结构层厚度、水泥混凝土抗压和抗弯拉强度、半刚性材料强度及路面横向力系数等检查项目,则应按要求采用有关数理统计方法进行评定计分。除路面横向力系数外,其余均为分项工程中的关键项目,不符合要求时该分项工程评为不合格。

(3)外观缺陷减分

对工程外表状况应逐项进行全面检查，如发现外观缺陷，应进行减分。对于较严重的外观缺陷，施工单位须采取措施进行整修处理。

(4)资料不全减分

分项工程的施工资料和图表残缺，缺乏最基本的数据，或有伪造涂改者，不予检验和评定。资料不全者应予减分，减分幅度可按《公路工程质量检验评定标准》(JTG F80/1—2004)所列各款逐款检查，视资料不全情况，每款减1~3分。

2. 分部工程和单位工程质量评分

分项工程和分部工程区分为一般工程和主要(主体)工程，分别给以1和2的权值。进行分部工程和单位工程评分时，采用加权平均值计算法确定相应的评分值。

$$\text{分部(单位)工程评分值}=\frac{\sum[\text{分项(分部)工程评分值}\times\text{相应权值}]}{\sum\text{分项(分部)工程权值}}$$

3. 合同段和建设项目工程质量评分

合同段和建设项目工程质量评分值，按《公路工程竣(交)工验收办法》计算。

4. 质量保证资料

施工单位应有完整的施工原始记录、试验数据、分项工程自查数据等质量保证资料，并进行整理分析，负责提交齐全、真实和系统的施工资料和图表。工程监理单位负责提交齐全、真实和系统的监理资料。质量保证资料，应包括以下六个方面：

(1)所用原材料、半成品和成品质量检验结果；

(2)材料配比、拌和加工控制检验和试验数据；

(3)地基处理、隐蔽工程施工记录和大桥、隧道施工监控资料；

(4)各项质量控制指标的试验记录和质量检验汇总图表；

(5)施工过程中遇到的非正常情况记录及其对工程质量影响分析；

(6)施工过程中如发生质量事故，经处理补救后，达到设计要求的认可证明文件等。

三、工程质量等级评定办法

工程质量等级评定，分为合格和不合格两个等级，应按分项工程、分部工程、单位工程和建设项目逐级评定。

1. 分项工程质量等级评定

分项工程质量评分值不小于75分者为合格，小于75分者为不合格；机电工程、属于工厂加工制造的桥梁金属构件质量评分值不小于90分者为合格，小于90分者为不合格。

评定为不合格的分项工程，经加固、补强或返工、调测，满足设计要求后，可以重新评定其质量等级，但计算分部工程评分值时按其复评分值的90%计算。

2. 分部工程质量等级评定

所属各分项工程质量全部合格，则该分部工程质量等级评定为合格；所属任一分项工程质量不合格，则该分部工程质量等级为不合格。

3. 单位工程质量等级评定

所属各分部工程质量全部合格，则该单位工程质量等级评定为合格；所属任一分部工程质量不合格，则该单位工程质量等级为不合格。

4. 合同段和建设项目质量等级评定

合同段和建设项目所属单位工程质量全部合格，则该合同段和建设项目的工程质量等级评定为合格；所属任一单位工程质量不合格，则该合同段和建设项目的工程质量等级评定为不合格。

复习思考题

1. 加强试验检测工作，对工程质量控制有何意义？

2. 简述对检测人员的基本要求。

3. 简述工程质量评分方法及等级评定办法。

4. 土方路基属于主要工程还是一般工程？权值为多少？进行外观鉴定时，在什么情况下应扣分？扣分多少？

单元二　试验检测数据处理

知识点:

1. 抽样检验概念;
2. 正态分布与 t 分布规律;
3. 法定计量单位。

技能点:

1. 能对路基路面现场测试进行随机选点;
2. 会进行数据记录、数据修约;
3. 会计算数据统计指标;
4. 会用 3 倍标准偏差法进行数据取舍。

工程质量的评价是以试验检测数据为依据的,试验检测采集得到的原始数据种类多、数量大,有时杂乱无章,甚至还有错误。因此,必须对原始数据进行分析处理,才能得到可靠的试验检测结果。

课题一　抽样检验及路基路面现场测试随机选点方法

一、总体与样本

在工程质量检验中,除特殊项目外,大多数采用抽样检验,这就涉及到总体与样本的概念。

总体又称母本,是统计分析中所要研究对象的全体。而组成总体的每个单元称为个体。

从总体中抽取一部分个体就是样本(又称子样)。例如,从每一桶沥青中抽取两个试样,一批沥青有 100 桶,抽检了 200 个试样做试验。则这 100 桶沥青称为总体,200 个试样是样本。而组成样本的每一个个体,即为样品。例如上述 200 个试样中的某一个,就是该样本中的一个样品。总体与样本的关系,如图 2-1 所示。

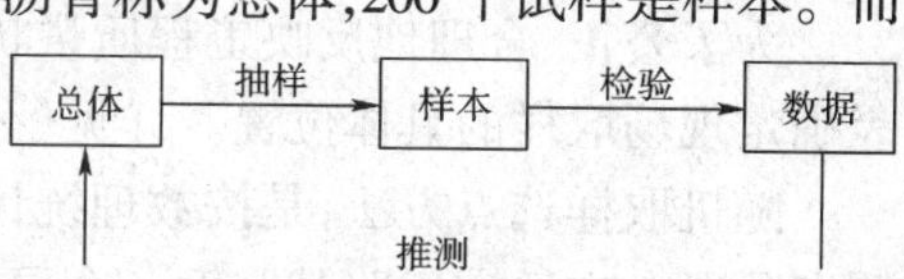

图 2-1　总体与样本的关系

二、抽样检验的条件与方法

抽样检验是从全批中抽取较少的样本进行检验,根据试验结果来判定全批产品是否合格或不合格。因此,为使抽样检验对判定质量好坏提供准确的信息,必须注意抽样检验应具备的条件。

1. 要明确批的划分

要注意使同批产品在原材料、工艺条件、生产时间等方面具备基本相同的条件。例如,抽样检验水泥、沥青等物品的质量特性时,应将相同厂家、相同品种或强度等级的产品作为一个批。而不能将不同生产厂家和不同牌号的水泥或沥青划在一个批内。

2. 抽样必须能代表批的样本

由于抽样检验是以样本检验结果来推断批的好坏,故样本的代表性尤为重要。为使所抽取的样本能成为批的可靠代表,常采用随机抽样的方法,例如有一批产品,共100箱,每箱20件,从中选择200个样品,一般有以下几种抽样方法:

(1)从整批中,任意抽取200件。

(2)从整批中,先分成10组,每组为10箱,然后分别从各组中任意抽取20件。

(3)从整批中,分别从每箱中任意抽取2件。

(4)从整批中,任意抽取10箱,对这10箱进行全数检验。

上述四种方法,分别称为单纯随机抽样、系统抽样、分层抽样、密集群抽样。一次随机抽样的方法有多种,适合于公路工程质量检验的随机抽样方式一般有以下三种。

(1)单纯随机抽样。在总体中,直接抽取样本的方法即为单纯随机取样。这是一种完全随机化的抽样方法,它适用于对总体缺乏基本了解的场合。随机取样并不意味着随便地、任意地取样,它可利用随机表或随机数骰子等工具进行抽样,此方法可以保证总体每个单位出现的概率相同。

(2)分层抽样。分层抽样法是将工程或工序分成若干层,然后可从所有分层中按一定比例取样。一项工程或工序是由若干不同的班组施工的,例如有两台搅拌机同时拌制原材料相同的同强度混凝土,为检验混凝土生产质量,采用抽样方法时,应注意对两台搅拌机分别取样,这样就便于了解不同"层"的产品质量特性,研究造成各层不良品率的原因。

(3)系统取样。有系统地将总体分成若干部分,然后从每一个部分抽取一个或若干个个体,组成样本。这一方法称为系统取样。在工程质量控制中,系统抽样的实现主要有以下三种方式。

①将比较大的工程分为若干部分,再根据样本容量的大小,在每部分按比例进行单纯随机抽样,将各部分抽取的样品组合成一个样本。

②间隔定时法。每隔一定的时间,从工作面抽取一个或若干个样品。该方法适合于工序质量控制。

③间隔定量法。每隔一定数量的产品,抽取一个或若干个样品。该方法主要适合于工序质量控制。

三、路基路面现场测试随机选点方法

为了公正、合理地反映工程质量状况,取样的位置不应带有任何倾向性,应该根据随机数表确定现场取样的具体位置。详见《公路路基路面现场测试规程》(JTG E60—2008)。

随机取样选点方法,是按数理统计原理在路基路面现场测定时确定测定区间、测定断面、测点位置。它适宜于路基路面各个层次及各种现场测定时使用。

应用随机数表确定现场取样位置时,应事先准备好编号从1~28共28块硬纸片,并将其装入布袋中。下面分测定区间或断面和测点位置两种情况加以讨论。

1.测定区间或断面的确定方法

(1)路段确定,根据路面施工或验收、质量评定方法等有关规范决定需检测的路段。它可以是一个作业段、一天完成的路段或路线全程,在路基路面工程检查验收时,通常以1km为一个检测路段,此时检测路段的确定也按本方法的步骤进行。

(2)将确定的测试路段划分为一定长度的区间或按桩号间距(一般为20m)划分若干个断面,将其编号为第 n 个区间或第 n 个断面,其总的区间数或断面数为 T。

(3)从布袋中随机摸出一块硬纸片,硬纸片上的号数即随机数表(见表2-1)上的栏号,从1~28栏中选出该栏号的一栏。

(4)按照测定区间数、断面数的频度要求(总的取样数 n，当 $n>30$ 时应分次进行)，依次找出与 A 列中 01、02、…、n 对应的 B 列中的值，共 n 对对应的 A、B 值。

(5)将 n 个 B 值与总的区间数或断面数 T 相乘，四舍五入成整数，即得到 n 个断面的编号，与 A 列的 1、2、…、n 对应。

例 2-1：按照有关规范规定，拟从 K36 + 000 ~ K37 + 000 的 1km 检测路段中选择 20 个断面测定路面宽度、高程、横坡等外形尺寸。断面的确定方法如下：

(1)1km 总长的断面数，$T=1000/20=50$ 个，编号 1、2、…、50。

(2)从布袋中摸出一块硬纸片，其编号为 14，即使用随机数表(见表 2-1)的第 14 栏。

一般取样的随机数表

表 2-1

栏号 11			栏号 12			栏号 13			栏号 14			栏号 15		
A	*B*	*C*	*A*	*B*	*C*	*A*	*B*	*C*	*A*	*B*	*C*	*A*	*B*	*C*
27	0.074	0.779	16	0.078	0.987	03	0.033	0.091	26	0.035	0.175	15	0.023	0.979
06	0.084	0.396	23	0.087	0.056	07	0.047	0.391	17	0.089	0.363	11	0.118	0.465
24	0.098	0.524	17	0.096	0.076	28	0.064	0.113	10	0.149	0.681	07	0.134	0.172
10	0.133	0.919	04	0.153	0.163	12	0.066	0.360	28	0.238	0.075	01	0.139	0.230
15	0.187	0.079	10	0.254	0.834	26	0.076	0.552	13	0.244	0.767	16	0.145	0.122
17	0.227	0.767	06	0.284	0.628	30	0.087	0.101	24	0.262	0.366	20	0.165	0.520
20	0.236	0.571	12	0.305	0.616	02	0.127	0.187	08	0.264	0.651	06	0.185	0.481
01	0.245	0.988	25	0.319	0.901	06	0.144	0.068	18	0.285	0.311	09	0.211	0.316
04	0.317	0.291	01	0.320	0.212	25	0.202	0.674	02	0.340	0.131	14	0.248	0.348
29	0.350	0.911	08	0.416	0.372	01	0.247	0.025	29	0.353	0.478	25	0.249	0.890
26	0.380	0.104	13	0.432	0.556	23	0.253	0.323	06	0.359	0.270	13	0.252	0.577
28	0.425	0.864	02	0.489	0.827	24	0.320	0.651	30	0.387	0.248	30	0.273	0.088
22	0.487	0.526	29	0.503	0.787	10	0.328	0.365	14	0.392	0.694	18	0.277	0.689
05	0.552	0.571	15	0.518	0.717	27	0.338	0.412	03	0.408	0.077	22	0.372	0.958
14	0.564	0.357	28	0.524	0.998	13	0.356	0.991	27	0.440	0.280	10	0.461	0.075
11	0.572	0.306	03	0.542	0.352	16	0.401	0.792	22	0.461	0.830	28	0.519	0.536
21	0.594	0.197	19	0.585	0.462	17	0.423	0.117	16	0.527	0.003	17	0.520	0.090
09	0.607	0.524	05	0.695	0.111	21	0.481	0.838	20	0.531	0.486	03	0.523	0.519
19	0.650	0.572	07	0.733	0.838	08	0.560	0.401	25	0.678	0.360	26	0.573	0.502
18	0.664	0.101	11	0.744	0.948	19	0.564	0.190	21	0.725	0.014	19	0.634	0.206
25	0.674	0.428	18	0.793	0.748	05	0.571	0.054	05	0.787	0.595	24	0.635	0.810
02	0.697	0.674	27	0.802	0.967	18	0.587	0.584	15	0.801	0.927	21	0.679	0.841
03	0.767	0.928	21	0.826	0.487	15	0.604	0.145	12	0.836	0.294	27	0.712	0.368
16	0.809	0.529	24	0.835	0.832	11	0.641	0.298	04	0.854	0.982	05	0.780	0.497
30	0.838	0.294	26	0.855	0.142	22	0.672	0.156	11	0.884	0.928	23	0.861	0.106
13	0.845	0.470	14	0.861	0.462	20	0.674	0.887	19	0.886	0.832	12	0.865	0.377
08	0.855	0.524	20	0.874	0.625	14	0.752	0.881	07	0.929	0.932	29	0.882	0.635
07	0.867	0.718	30	0.929	0.056	09	0.774	0.560	09	0.932	0.206	08	0.902	0.020
12	0.881	0.722	09	0.935	0.582	29	0.921	0.752	01	0.970	0.692	04	0.951	0.482
23	0.937	0.872	22	0.947	0.797	04	0.959	0.099	23	0.973	0.082	02	0.977	0.172

注：此表共 28 个栏号，第 1 ~ 10、16 ~ 28 栏号中的 A、B、C 值可见《公路路基路面现场测试规程》(JTG E60—2008)。

（3）从第 14 栏 A 列中挑出小于 20 所对应的 B 列数值，将 B 与 T 相乘，四舍五入得到 20 个编号，并得到 20 个断面的桩号，如表 2-2 所列。

路面宽度、高程、横坡检测断面随机选点计算表 表 2-2

断面编号	14 栏 A 列	B 列	$B \times T$	断面号	桩号
1	17	0.089	4.45	4	K36 +080
2	10	0.149	7.45	7	K36 +140
3	13	0.244	12.2	12	K36 +240
4	08	0.264	13.2	13	K36 +260
5	18	0.285	14.25	14	K36 +280
6	06	0.340	17.05	17	K36 +340
7	06	0.359	17.95	18	K36 +360
8	20	0.387	19.35	19	K36 +380
9	14	0.392	19.60	20	K36 +400
10	03	0.408	20.40	20	K36 +420
11	16	0.527	26.35	26	K36 +520
12	05	0.797	39.85	40	K36 +800
13	15	0.801	40.05	40	K36 +820
14	12	0.836	41.8	42	K36 +840
15	04	0.854	42.7	43	K36 +860
16	11	0.884	44.2	44	K36 +880
17	19	0.886	44.3	44	K36 +900
18	07	0.929	46.45	46	K36 +920
19	09	0.932	46.6	47	K36 +940
20	01	0.970	48.5	49	K36 +980

2. 测点位置的确定方法

（1）从布袋中任意取出一块硬纸片，纸片上的号数即为随机数表（见表 2-1）中的栏号。从 1 ~28 栏中选出该栏号的一栏。

（2）按照测点数的频度要求（总的取样为 n）依次找出栏号的取样位置数，每个栏号均有 A、B、C 三列。根据检验数量 n（当 $n>30$ 时应分次进行），在所定栏号的 A 列找出等于所需取样位置数的全部数，如 01、02、…、n。

（3）确定取样位置的纵向距离，找出与 A 列中相对应的 B 列中数值，以此数乘以检测区间的总长度，并加上该段的起点桩号，即得出取样位置距该段起点的距离或桩号。

（4）确定取样位置的横向距离，找出与 A 列中相对应的 C 列中的数值，以此数乘以检查路面的宽度，再减去宽度的一半，即得出取样位置离路面中心线的距离。如差值是正值（+），表示在中心线的右侧；如差值是负值（-），表示在中心线的左侧。

例 2-2：按照有关规范规定，检查验收时拟在 K36 +000 ~ K37 +000 的 1km 检测路段中选择 6 个测点进行钻孔取样检验压实度、沥青用量和矿料级配等。钻孔位置的确定方法如下：

（1）选定的随机数表为栏号 11。

（2）栏号中从上至下 <6 的数为：06、01、04、05、02、03。

（3）随机数表（见表 2-1）栏号 11 的 B 列中与这六个数相应的数为 0.084、0.245、0.317、0.552、0.697、0.767。

（4）取样路段长度为 1000m，计算得出 6 个乘积（取样位置与该段起点的距离）分别为 84m、245m、317m、552m、697m、767m。

（5）随机数表（见表 2-1）栏号 11 的 C 列中与 A 列数值相应的数为 0.396、0.988、0.291、0.571、0.674、0.928。

（6）路面宽度为 10m，计算得 6 个乘积分别是 3.96m、9.88m、2.91m、5.71m、6.74m、9.28m。

因此,6 个取样的横向位置分别是左 1.04m、右 4.88m、左 2.09m、右 0.71m、右 1.74m、右 4.28m,上述计算结果见表 2-3。

钻孔位置随机取样选点计算表

表 2-3

栏号 11		取样路段长 1000m			路面宽度 10m		测点数 6 个
测点编号	A 列	B 列	距起点距离(m)	桩号	C 列	距路边缘距离(m)	距中线位置(m)
NO.1	06	0.084	84	K36 +084	0.396	3.96	左 1.04
NO.2	01	0.245	245	K36 +245	0.988	9.88	右 4.88
NO.3	04	0.317	317	K36 +317	0.291	2.91	左 2.09
NO.4	05	0.552	552	K36 +552	0.571	5.71	右 0.71
NO.5	02	0.697	697	K36 +697	0.674	6.74	右 1.74
NO.6	03	0.767	767	K36 +767	0.928	9.28	右 4.28

课题二　数据的记录及修约规则

一、试验数据的记录原则

原始数据是试验检测结果的如实记载,不允许随意更改,不允许删减。

原始记录应印成一定格式的记录表,其格式根据检测的要求不同可以有所不同。原始记录表主要应包括:产品名称、型号、规格;产品编号、生产单位;抽样地点;检测项目、检测编号、检测地点;温度、湿度;主要检测仪器名称、型号、编号;检测原始记录数据、数据处理结果;检测人、复核人;试验日期等。

记录表中应包括所要求记录的信息及其他必要信息,以便在必要时能够判断检测工作在哪个环节可能出现差错。同时根据原始记录提供的信息,能在一定准确度内重复所做的检测工作。

工程试验检测原始记录一般不得用铅笔填写,内容应填写完整,并应有试验检测人员和计算校核人员的签名。

原始记录如果确需更改,作废数据应划两条水平线,将正确数据填在上方,更改人在更改处签名。原始记录应集中保管,保管期一般不得少于两年。原始记录保存方式也可用计算机软盘。

原始记录经过计算后的结果即检测结果必须有人校核,校核者必须在本领域有五年以上工作经验。校核者必须在试验检测记录和报告中签字,以示负责。校核者必须认真核对检测数据,校核量不得少于所检测项目的 5%。

二、试验数据的修约原则

1. 修约间隔

修约间隔是指确定修约保留位数的一种方式。修约间隔的数值一经确定,修约值应为该数值的整数倍。

例如:指定修约间隔为 0.1,修约值应在 0.1 的整数倍中选取,相当于将数值修约到 1 位小数。又如指定修约间隔为 100,修约值应在 100 的整数倍中选取,相当于将数值修约到“百”数位。

0.5 单位修约(半个单位修约)是指修约间隔为指定数位的 0.5 个单位,即修约到指定数位的 0.5 个单位。

0.2 单位修约是指修约间隔为指定数位的 0.2 单位,即修约到指定数位的 0.2 单位。

2. 原始数据及结果处理中一般常用的数值修约规则

(1)拟舍去的数字中,其最左面的第一位数字小于 5 时,则舍去,留下的数字不变。

例如:将 18.2432 修约只留一位小数时,其拟舍去的数字中最左面的第一位数字是 4,则可舍去,结果成18.2。

例如:将18.2432修约到个位数,结果为18。

(2)拟舍去的数字中,其最左面的第一位数字大于5时,则进1,即所留下的末位数字加1。

例如:将26.4843修约只留一位小数时,其拟舍去的数字中最左面的第一位数字是8,则应进1,结果成26.5。

例如:将1268修约到十数位,即修约间隔为10,结果为1270。

(3)拟舍去的数字中,其最左面的第一位数字等于5时,而后面的数字并非全部为0时,则进1,即所留下的末位数字加1。

例如:将15.0501修约只留一位小数时,其拟舍去的数字中最左面的第一位数字是5,5后面的数字还有01,故进1,结果为15.1。

例如:将12.502修约到个位数,结果为13。

(4)拟舍去的数字中,其最左面的第一位数字等于5时,而后面无数字或全部为0时,所保留的数字末位如为奇数(1、3、5、7、9)则进1,如为偶数(0、2、4、6、8)则舍去。

例如:将下列各数字修约只留一位小数时,其拟舍去的数字中最左面的第一位数字是5,5后面无数字,根据所留末位数的奇偶关系,结果为:

15.05	15.0	(因为“0”是偶数)
15.15	15.2	(因为“1”是奇数)
15.25	15.2	(因为“2”是偶数)
15.45	15.4	(因为“4”是偶数)

例如:将下列各数字修约到百位数,即修约间隔为100,其拟舍去的数字中最左面的第一位数字是5,5后面全部为0,结果为:

3550	3600	(因为“5”是奇数)
5150	5200	(因为“1”是奇数)
8250	8200	(因为“2”是偶数)
7450	7400	(因为“4”是偶数)

例如:将下列各数字修约修约到个位数,即修约间隔为1,其拟舍去的数字中最左面的第一位数字是5,5后面无数字或全部为0,结果为:

273.500	274	(因为“3”是奇数)
2.5	2	(因为“2”是偶数)
36.50	36	(因为“6”是偶数)
157.50	158	(因为“7”是奇数)

(5)0.5单位修约时,将拟修约数值乘以2,按指定位数依进舍规则修约,所得数值再除以2。

例如:将下列数字修约到个位数的0.5单位(即修约间隔为0.5)。

拟修约数字	乘2	2*A*修约值(修约间隔1)	*A*修约值(修约间隔0.5)
50.25	100.50	100	50.0
51.25	102.50	102	51.0
50.38	100.76	101	50.5
50.75	101.50	102	51.0
51.75	103.50	104	52.0

(6) 0.2单位修约时,将拟修约数值乘以5,按指定位数依进舍规则修约,所得数值再除以5。

例如:将下列数字修约到百位数的 0.2 单位(或修约间隔 20)。

拟修约数字	乘 5	5A 修约值(修约间隔 1)	A 修约值(修约间隔 20)
830	4150	4200	840
810	4050	4000	800
842	4210	4200	840

3. 数值修约注意事项

拟舍去的数字并非单独的一个数字时,不应对该数值连续进行修约,应按拟舍取的数字中最左面的第一位数字的大小,照上述各条一次修约完成。

例如:将 15.4546 修约成整数时,不应按 15.4546→15.455→15.46→15.5→16 进行,而应按 15.4546→15 进行修约。

4. 数值修约规则与"四舍五入"方法的区别

上述数值修约规则(有时就称之为"奇升偶舍法")与以往用的"四舍五入"的方法区别在于,用"四舍五入"法对数值进行修约,从很多修约后的数值中得到的均值偏大,用上述修约规则,进舍的状况具有平衡性,进舍误差也具有平衡性,若干数值经过这种修约后,修约值之和变大与变小的可能性是一样的。

5. 修约口诀

为便于记忆,将上述规则归纳为以下几句口诀:**四舍六入五考虑,五后非零则进一,五后为零视奇偶,奇升偶舍要注意,修约一次要到位。**

三、法定计量单位

1985 年 9 月 6 日公布的我国《计量法》明确规定,国家实行法定计量单位制度。法定计量单位制度是政府以法令的形式,明确规定要在全国范围内采用的计量单位。《计量法》规定:"国家采用国际单位制。国际单位制计量单位和国家选定的其他计量单位,为国家法定计量单位。"

"国际单位制"用符号 SI 表示。SI 由于结构合理、科学简明、方便实用,适用于众多科技领域和各行各业,可实现世界范围内计量单位的统一,因而获得国际上广泛承认和接受,成为科技、经济、文教、卫生等各界的共同语言。

1. 国际单位的基本单位

SI 基本单位是 SI 的基础,SI 选择了长度、质量、时间、电流、热力学温度、物质的量和发光强度等七个基本量,其名称和符号如表 2-4 所示。

2. SI 导出单位

部分包括 SI 辅助单位在内的具有专门名称的导出单位列于表 2-5。

国际单位制的基本单位 表 2-4

量的名称	单位名称	单位符号
长度	米	m
质量	千克(公斤)	kg
时间	秒	s
电流	安培	A
热力学温度	开尔文	K
物质的量	摩尔	mol
发光强度	坎德拉	cd

部分包括 SI 辅助单位在内的具有专门名称的导出单位 表 2-5

量 的 名 称	单位名称	单位符号
[平面]角	弧度	rad
频率	赫[兹]	Hz
力	牛[顿]	N
压力,压强,应力	帕[斯卡]	Pa
能[量],功,热量	焦[耳]	J
功率,辐[射能]通量	瓦[特]	W
电压,电动势,电位,(电势)	伏[特]	V
摄氏温度	摄氏度	℃

3. SI 单位的倍数单位

SI 中规定了 20 个构成十进倍数和分数单位的词头和所表示的因数。这些词头不能单独使用,也不能重叠使用,它们仅用于与 SI 单位(kg 除外)构成 SI 单位的十进倍数单位和十进分数单位。详见表 2-6 所示。

常见用于构成十进倍数和分数单位的词头　　表 2-6

所表示的因数	词头名称	词头符号	所表示的因数	词头名称	词头符号
10^6	兆	M	10^{-1}	分	d
10^3	千	k	10^{-2}	厘	c
10^2	百	h	10^{-3}	毫	m
10^1	十	da	10^{-6}	微	μ

4. 国家选定的其他计量单位

此外,我国还选定了若干非 SI 单位与 SI 单位一起,作为国家的法定计量单位,它们具有同等的地位,详见表 2-7 所示。

国家选定的常见其他计量单位　　表 2-7

量 的 名 称	单 位 名 称	单 位 符 号
时间	分	min
	[小]时	h
	天(日)	d
旋转角度	转每分	r/min
质量	吨	t
体积	升	L

例如:改正以下检测数据的法定计量单位:mpa、CM、cM、KPa、kPA、MM、Dm、H(小时)、T(吨)、D(天)。

正确的法定计量单位分别为:MPa、cm、cm、kPa、kPa、mm、dm、h(小时)、t(吨)、d(天)。

课题三　数据的统计特征与概率分布

一、数据的统计特征

工程质量数据的统计特征量分为两类:一类表示统计数据的差异性,即工程质量的波动性,主要有极差、标准偏差、变异系数等;一类是表示统计数据的规律性,主要有算术平均值、中位数、加权平均值等。

1. 算术平均值

算术平均值是表示一组数据集中位置最有用的统计特征量,经常用样本的算术平均值来代表总体的平均水平。样本的算术平均值用 $\bar{x}$ 表示。如果 n 个样本数据为 x_1、x_2、…、x_n,那么,样本的算术平均值为:

$$\bar{x} = \frac{1}{n}(x_1 + x_2 + \cdots + x_n) = \frac{1}{n}\sum_{i=1}^{n} x_i \tag{2-1}$$

例 2-3:某路段沥青混凝土面层抗滑性能检测,摩擦系数的检测值(共 10 个测点)分别为 58、56、60、53、48、54、50、61、57、55(摆值)。求摩擦系数的算术平均值。

解:由式(2-1)可知,摩擦系数的算术平均值:

$$\overline{F}_B = \frac{1}{10}(58 + 56 + 60 + 53 + 48 + 54 + 50 + 61 + 57 + 55) = 55.2(\text{摆值})$$

2. 中位数

在一组数据 x_1、x_2、⋯、x_n 中，按其大小次序排序以排在正中间的一个数表示总体的平均水平，称之为中位数，或称中值，用 $\tilde{x}$ 表示。n 为奇数时，正中间的数只有一个；n 为偶数时，正中间的数有两个，取这两个数的平均值作为中位数，即：

$$\tilde{x}=\begin{cases} x_{\frac{n+1}{2}} & (n\text{ 为奇数}) \\ \frac{1}{2}\left(x_{\frac{n}{2}}+x_{\frac{n}{2}+1}\right) & (n\text{ 为偶数}) \end{cases} \tag{2-2}$$

例 2-4：检测值同例 2-3，求中位数。

解：检测值按大小次序排列为：61、60、58、57、56、55、54、53、50、48（摆值），则中位数为：

$$\tilde{F}_B=\frac{F_{B(5)}+F_{B(6)}}{2}=\frac{56+55}{2}=55.5(\text{摆值})$$

3. 极差

在一组数据中最大值与最小值之差，称为极差，记作 R：

$$R=x_{max}-x_{min} \tag{2-3}$$

例 2-5：例 2-3 中的检测数据的极差为：

$$R=F_{Bmax}-F_{Bmin}=61-48=13(\text{摆值})$$

极差没有充分利用数据的信息，但计算十分简单，仅适用于样本容量较小（$n<10$）的情况。

4. 标准偏差

标准偏差有时也称标准离差、标准差或均方差，它是衡量样本数据波动性（离散程度）的指标。在质量检验中，总体的标准偏差 σ 一般不易求得。样本的标准差 S 按式（2-4）计算：

$$S=\sqrt{\frac{(x_1-\bar{x})^2+(x_2-\bar{x})^2+\cdots+(x_n-\bar{x})^2}{n-1}}=\sqrt{\frac{\sum_{i=1}^{n}(x_i-\bar{x})^2}{n-1}}=\sqrt{\frac{1}{n-1}\left(\sum_{i=1}^{n}x_i^2-n\bar{x}^2\right)} \tag{2-4}$$

例 2-6：仍用例 2-3 的数据，求样本标准偏差 S。

解：由式（2-4）可知，样本标准偏差为：

$$S=\left\{\frac{1}{10-1}\left[(58-55.2)^2+(56-55.2)^2+(60-55.2)^2+(53-55.2)^2+(48-55.2)^2+(54-55.2)^2+(50-55.2)^2+(61-55.2)^2+(57-55.2)^2+(55-55.2)^2\right]\right\}^{1/2}$$

$=4.13$（摆值）

5. 变异系数

标准偏差是反映样本数据的绝对波动状况。当测量较大的量值时，绝对误差一般较大；测量较小的量值时，绝对误差一般较小。因此，用相对波动的大小，即变异系数更能反映样本数据的波动性。

变异系数用 Cv 表示，是标准差 S 与算术平均值的比值，即：

$$Cv=\frac{S}{\bar{x}}\times 100\% \tag{2-5}$$

例 2-7：若甲路段沥青混凝土面层的摩擦系数算术平均值为 55.2（摆值），标准偏差为 4.13（摆值）；乙路段摩擦系数算术平均值为 60.8（摆值），标准偏差为4.27（摆值），则两路段的变异系数为：

$$甲路段:Cv = \frac{4.13}{55.2} = 7.48\%$$

$$乙路段:Cv = \frac{4.27}{60.8} = 7.02\%$$

从标准偏差看,$S_{甲} < S_{乙}$。但从变异系数分析,$Cv_{甲} > Cv_{乙}$,说明甲路段的摩擦系数相对波动比乙路段的大,面层抗滑稳定性较差。

二、数据的分布特征

试验检测数据属于随机变量,而随机变量具有一定的规律性或分布形式,这种规律性一般用概率分布来描述。概率分布的曲线形式很多,在公路工程质量控制和评价中,常用到正态分布和t分布。

1. 正态分布

正态分布是应用最多、最广泛的一种概率分布,而且是其他概率分布的基础。其曲线形状如图2-2所示。

平均值μ是$f(x)$曲线的位置参数,它决定曲线最高点的横坐标。标准偏差σ是$f(x)$曲线的形状参数,它的大小反映了曲线的宽窄程度。σ越大,曲线低而宽,说明观测值落在μ附近的概率越小,观测值越分散。σ越小,曲线高而窄,观测值落在μ附近的概率越大,观测值越集中(见图2-2)。

2. *t* 分布

正态分布适用于样本较大的统计数据,对小样本统计数据,无法应用正态分布的理论来直接处理,需要用类似正态分布的t分布。

当随机变数x服从自由度为n的t分布时,记作$x \sim t(n)$,其分布图形如图2-3所示。

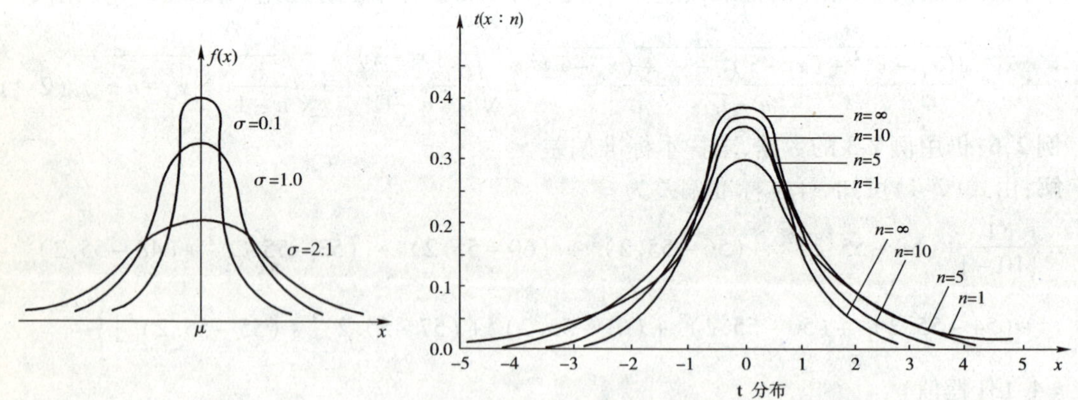

图2-2 正态分布曲线　　图2-3 t分布曲线

在施工质量评价中,通常在总体标准偏差σ未知时,利用样本标准偏差S代替总体标准偏差σ来估计平均值置信区间。计算一个评定路段的测定值代表值时,对双侧检验的指标,按式(2-6)计算;对单侧检验指标,按式(2-7)计算。

$$x' = \bar{x} \pm \frac{t_{\alpha/2}}{\sqrt{n}} \cdot S \tag{2-6}$$

$$x' = \bar{x} \pm \frac{t_{\alpha}}{\sqrt{n}} \cdot S \tag{2-7}$$

式中:x'——指一个评定路段内测定值的代表值;

$\bar{x}$——指一个评定路段内测定值的算术平均值;

t_α 或 $t_{\alpha/2}$——t 分布概率系数表中随自由度和置信水平(保证率)而变化的参数。

课题四 可疑数据的取舍方法

在一组条件完全相同的重复试验中,个别的测量值可能会出现异常。如测量值过大或过小,这些过大或过小的数据是不正常的,或称为可疑数据。因此,在进行数据分析之前,应用数理统计法判别其真伪,并决定取舍。常用方法有拉依达法、肖维纳特法、格拉布斯法等,以下仅介绍拉依达法。

当试验次数较多时,可简单地用 3 倍标准差 $3S$ 作为确定可疑数据取舍的标准,所以拉依达法亦称 3 倍标准偏差法,简称 $3S$ 法。当某一测量数据 x_i 与其测量结果的算术平均值 $\bar{x}$ 之差大于 3 倍标准偏差时,用公式表示为:

$$|x_i - \bar{x}| > 3S \tag{2-8}$$

则该测量数据应舍弃。

由于该方法是以 3 倍标准偏差为判别标准,所以亦称 3 倍标准偏差法,简称 $3S$ 法。

取 $3S$ 的理由是:根据随机变量的正态分布规律,在多次试验中,测量值落在 $\bar{x}-3S$ 与 $\bar{x}+3S$ 之间的概率为 99.73%,出现在此范围之外的概率为 0.27%,也就是在近 400 次试验中才能遇到一次,这种事件为小概率事件,出现的可能性很小,几乎是不可能。因而在实际试验中,一旦出现,就认为该测量数据是不可靠的,应将其舍弃。

另外,当测量值与平均值之差大于 2 倍标准偏差(即 $|x_i-\bar{x}|>2S$)时,则该测量值应保留,但需存疑。如发现生产(施工)、试验过程中,有可疑的变异时,该测量值则应予舍弃。

例 2-8:试验室进行同配比的混凝土强度试验,其试验结果为($n=10$):23.0、24.0、26.0、25.0、24.8、27.0、25.5、31.0、25.4、25.8MPa,试用 $3S$ 法判别其取舍。

解:分析上述 10 个测量数据,$x_{min}=23.0$MPa 和 $x_{max}=31.0$MPa 最可疑。故应先判别 x_{min} 和 x_{max}。

经计算 $\bar{x}=25.8$MPa,$S=2.1$MPa,由于

$$|x_{max}-\bar{x}| = |31.0-25.8| = 5.2\text{MPa} < 3S = 6.3\text{MPa}$$

$$|x_{min}-\bar{x}| = |23.0-25.8| = 2.8\text{MPa} < 3S = 6.3\text{MPa}$$

故上述测量数据均不能舍弃。

拉依达法简单方便,不需查表,但要求较宽。当试验检测次数较多或要求不高时,可以应用;当试验检测次数较少时(如 $n<10$),在一组测量值中即使混有异常值,也无法舍弃。

复习思考题

1. 何谓总体、样本?简述路基路面现场测试随机选点方法。
2. 质量数据的统计特征量有哪些?
3. 请修约以下数据:

15.3528(保留两位小数);125.555(保留整数);15.7546(保留一位小数);19.9998(保留两位小数);10.050001(保留一位小数);16.6875(保留三位小数);9.45(保留一位小数);10.35(保留一位小数)。

4. 某路段沥青混凝土面层抗滑性能检测,摩擦系数的检测值(共 10 个测点)分别为:58、56、60、53、48、54、50、61、57、55,求摩擦系数的算术平均值、中位数、极差、标准偏差、变异系数。

单元三 路基路面几何尺寸及路面结构层厚度检测

知识点：

1. 描述中线偏位、纵断面高程、宽度、路面横坡等的检测内容；
2. 路面结构层厚度的检测内容。

技能点：

1. 能进行中线偏位、纵断面高程、路基路面宽度、路面横坡的检测；
2. 能进行路面结构层厚度的检测；
3. 会对检测结果进行计算及评定。

课题一 路基路面几何尺寸检测

一、路基路面几何尺寸检测的目的

路基路面几何尺寸检测工作是公路工程施工技术管理的一个重要组成部分，也是公路工程施工质量控制和竣工验收评定工作中不可缺少的一个主要环节。按照《公路工程质量检验评定标准》(JTG F80/1—2004)，质量评定单元的定量指标检测主要包括内在质量和外形检测两个方面，路基路面内在质量检测指标主要是压实度、弯沉及强度等，外形检测指标包括中线平面偏位、纵断高程、宽度、厚度及横坡等。外形检测指标的质量评定权值与内在质量检测指标相近，在公路工程质量检测中占有重要地位。

几何尺寸检测是指对路基路面平面、纵断面和横断面几何尺寸的测量、检查及评定，应贯穿于公路施工的整个过程，以保证路基路面结构物从设计转化为实体工程过程中，平面位置、高程及其他尺寸满足设计、规范及合同规定的各项要求。

二、几何尺寸项目检测要求

几种常见结构层的几何尺寸检测项目的要求列于表3-1中；其他结构层检测项目的要求，参见《公路工程质量检验评定标准》(JTG F80/1—2004)。

几何尺寸项目检测要求 表3-1

结构名称	检查项目	规定值或容许偏差		检查方法和频率	权值
		高速公路、一级公路	其他公路		
土方路基	纵断高程(mm)	+10，-15	+10，-20	水准仪：每200m测4断面	2
	中线偏位(mm)	50	100	经纬仪：每200m测4点，弯道加HY、YH两点	2
	宽度(mm)	不小于设计		米尺：每200m测4处	2
	横坡(%)	±0.3	±0.5	水准仪：每200m测4个断面	1
	边坡	符合设计要求		尺量：每200m测4处	1

续上表

结构名称	检查项目		规定值或容许偏差		检查方法和频率	权值
			高速公路、一级公路	其他公路		
水泥混凝土面层	纵断高程(mm)		±10	±15	水准仪:每200m测4个断面	1
	中线平面偏位(mm)		20		经纬仪:每200m测4个点	1
	路面宽度(mm)		±20		尺量:每200m测4处	1
	横坡(%)		±0.15	±0.25	水准仪:每200m测4个断面	1
沥青混凝土面层	纵断高程(mm)		±15	±20	水准仪:每200m测4个断面	1
	中线平面偏位(mm)		20	30	经纬仪:每200m测4点	1
	宽度(mm)	有侧石	±20	±30	尺量:每200m测4个断面	1
		无侧石	不小于设计值			
	横坡(%)		±0.3	±0.5	水准仪:每200m测4个断面	1

三、任务描述

某路段高速公路沥青混凝土路面，桩号K73+300~K73+800，现分别对其路面宽度、纵断高程、中线偏位、宽度、横坡、边坡等进行检测。

四、任务分析

根据表3-1中各结构层的检查方法和频率，采用测量仪器进行几何尺寸检测，按照《公路工程质量检验评定标准》(JTG F80/1—2004)规定计算一个评定路段内测定值的平均值、标准差、变异系数，但加宽及超高部分的测定值不参加计算，结果注明不符合规范要求的断面。

五、任务实施

1.仪具与材料

几何尺寸检测所用的仪器与材料有：经纬仪或全站仪、精密水准仪、塔尺、钢卷尺、粉笔等。

2.准备工作

(1)在路基或路面上准确恢复桩号。

(2)根据有关施工规范或《公路工程质量检验评定标准》(JTG F80/1—2004)的要求，按随机取样的方法，在一个检测路段内选取测定的断面位置及里程桩号，在测定断面作上标记。通常将公路平面、纵断面、横断面检测取同断面，即路面宽度、横坡、高程及中线偏位、高程、路面宽度、横坡选在同一断面位置，且宜选在整数桩号上。

(3)根据道路设计的要求，确定路基路面各部分的设计宽度的边界位置，在测定位置上用粉笔作上标记。

(4)根据道路设计的要求，确定设计高程的纵断面位置，在测定位置上用粉笔作上记号。

(5)根据道路设计的要求，在与中线垂直的横断面上确定成型后的路面的实际中线位置。

(6)根据道路设计的路拱形状，确定曲线与直线部分的交界位置及路面与路肩(或硬路肩)的交界处，作为横坡检测的标准；当有路缘石或中央分隔带时，以两侧路缘石边缘为横坡测定的基准点，用粉笔作上标记。

3. 路基路面宽度检测

1)检测方法与步骤

路基宽度是指行车道与路肩宽度之和,以 m 计;路面宽度包括行车道、路缘带、变速车道、爬坡车道、硬路肩和紧急停车带的宽度,以 m 计。其检测方法如下:

用钢尺沿中心线垂直方向水平量取路基路面各部分的宽度,以 m 计。对高速公路、一级公路,准确至 0.005m;对于其他公路,准确至 0.01m。

测量时量尺应保持水平,不得将尺紧贴路面量取,也不得使用皮尺(见图 3-1)。

图 3-1 量取路基路面各部分的宽度

2)计算

各测定断面的实测宽度 B_{1i} 与设计宽度 B_{0i} 之差 ΔB_i,见式(3-1):

$$\Delta B_i = B_{1i} - B_{0i} \tag{3-1}$$

式中:ΔB_i——各断面的宽度和设计宽度的差值(m);

B_{1i}——各断面的实测宽度(m);

B_{0i}——各断面的设计宽度(m)。

3)检测结果

路面宽度检测结果如表 3-2 所示,按照宽度的允许偏差进行评定。

路面宽度检测记录表 表 3-2

抽检段落:K73 + 300 ~ K73 + 800 施工单位:

桩号	设计(m)		实测(m)		偏差	
	左	右	左	右	左	右
K73 + 300		11.25		11.268		0.018
K73 + 350		11.25		11.270		0.020
K73 + 400		11.25		11.268		0.018
K73 + 450		11.25		11.270		0.020
K73 + 500		11.25		11.240		−0.010
K73 + 550		11.25		11.268		0.018
K73 + 600		11.25		11.262		0.012
K73 + 650		11.25		11.265		0.015
K73 + 700		11.25		11.268		0.018
K73 + 750		11.25		11.243		−0.007
K73 + 800		11.25		11.243		−0.007
统计	测点数	合格点数	不合格点数	合格率(%)	允许偏差	
	11	8	3	72.73	不小于设计值	

检测: 年 月 日 复核: 年 月 日

4. 中线偏位的检测

1)检测方法与步骤

(1)有中线坐标的道路:首先从设计资料中查出待测点 P 的设计坐标,用经纬仪对该设计坐标进行放样,并在放样点 P' 做好标记,量取 PP' 的长度,即为中线平面偏位 Δ_{CL},以 mm 表示。对高速公路、一级公路,准确至 5mm;对于其他等级公路,准确至 10mm。

(2)无中桩坐标的低等级道路:应首先恢复交点或转点,实测偏角和距离,然后采用链距法、切线支距法或偏角法等传统方法敷设道路中线的设计位置,量取设计位置与施工位置之间的距离,即为中线平面偏位 Δ_{CL},以 mm 表示,准确至 10mm。

其测定方法:

(1)用钢尺在与中线垂直的横断面上确定成型后路面的实际中点位置。

(2)采用经纬仪、全站仪检测断面中点坐标。

用实测坐标减去设计坐标,根据公式 $\sqrt{(x_{实}-x_{设})^2+(y_{实}-y_{设})^2}$ 计算出中线偏位 Δ_{CL},以 mm 计。

2)检测结果

路面中线检测结果如表 3-3 所示,并按照中线偏位的允许偏差进行评定。

路面中线检测记录计算表

表 3-3

抽检段落:K73 + 300 ~ K73 + 800　　　　施工单位:

抽检桩号	设计坐标		实测坐标		x 偏位 Δx(mm)	y 偏位 Δy(mm)	总偏位 Δ_{CL}(mm)	超过允许偏差(mm)
	$x_{实}$	$y_{实}$	$x_{设}$	$y_{设}$				
K73 + 300	2939314.180	471140.783	2939314.190	471140.790	10	7	12	
K73 + 340	2939291.659	471107.725	2939291.664	471107.735	5	10	11	
K73 + 380	2939269.133	471074.670	2939269.141	471074.685	8	15	17	
K73 + 420	2939246.608	471041.616	2939246.620	471041.601	12	−15	19	
K73 + 460	2939224.083	471008.561	2939224.098	471008.541	15	−20	25	5
K73 + 500	2939201.557	470975.507	2939201.575	470975.489	18	−15	23	3
K73 + 540	2939179.032	470942.452	2939179.052	470942.442	20	−10	22	2
K73 + 580	2939156.507	470909.397	2939156.517	470909.392	10	−5	11	
K73 + 620	2939133.990	470876.336	2939134.005	3470876.31	15	−5	16	
K73 + 660	2939111.521	470843.244	2939111.536	470843.219	15	−5	16	
K73 + 700	2939089.143	470810.089	2939089.153	470810.074	10	−15	18	
K73 + 740	2939066.901	470776.844	2939066.906	470776.834	5	−10	11	
K73 + 780	2939044.837	470743.479	2939044.844	470743.464	7	−15	17	
统计	测点数		合格点数		不合格点数		合格率(%)	允许偏差(mm)
	13		10		3		76.92	20

检测:　　　　年　　月　　日　　　　　　复核:　　　　年　　月　　日

5. 纵断面高程的检测

1)检测方法与步骤

(1)将精密水准仪架设在路上平顺处调平,将塔尺竖立在中线的测定位置上(见图 3-2),以路线附近的水准点高程为基准,测记测定点的高程读数,以 m 计,准确至 0.001m。

（2）连续测定全部测点，并与水准点闭合。

2）计算

各测点的实测高程 h_{1i} 与设计高程 h_{0i} 差按式（3-2）计算：

$$\Delta h_i = h_{1i} - h_{0i} \tag{3-2}$$

式中：Δh_i——各个断面的纵断面高程和设计高程的差值（m）；

h_{1i}——各个断面的纵断面实测高程（m）；

h_{0i}——各个断面的纵断面设计高程（m）。

3）检测结果

纵断面高程检测结果如表 3-4 所示，按照纵断高程的允许偏差进行评定。

图 3-2　塔尺树立位置

纵断面高程检测表　　表 3-4

抽检段落：K73 +300 ~ K73 +800　　施工单位：

桩号	左 1.5m 中桩				右 1.5m 中桩				备注
	设计（m）	实测（m）	偏差（m）	超过允许偏差（mm）	设计（m）	实测（m）	偏差（m）	超过允许偏差（mm）	
K73 +300	93.163	93.173	0.010						
K73 +350	92.506	92.521	0.015						
K73 +400	91.891	91.903	0.012						
K73 +450	91.325	91.314	-0.011						
K73 +500	90.809	90.791	-0.018	3					
K73 +550	90.343	90.323	-0.020	5					
K73 +600	89.927	89.919	-0.008						
K73 +650	89.527	89.515	-0.012						
K73 +700	89.127	89.141	0.014						
K73 +750	88.727	88.738	0.011						
K73 +800	88.327	88.337	0.010						
统计	测点数		合格点数		不合格点数		合格率（%）		允许偏差（mm）
	11		9		2		81.8		+15，-15

检测：　　年　月　日　　复核：　　年　月　日

6. 路面坡度（横坡）的检测

1）检测方法与步骤

对于无中央分隔带的公路路面横坡，是指路拱两侧直线部分的坡度；对于有中央分隔带的公路路面横坡，是指路面与中央分隔带交界处及路面边缘与路肩交界处两点的高程差与水平距离的比值，以%表示。横坡检测时，可与宽度和高程的检测同时进行，根据两点间的实测宽度和高差，计算其实际横坡，并对横坡的实测值和设计值进行比较和评定。其测定方法如下。

（1）对设有中央分隔带的路面，测定横坡时，将精密水准仪架设在路面平顺处调平，将塔尺分别竖立在路面与中央分隔带分界的路缘带边缘 d_1 处，以及路面与路肩交界（或外侧路缘石边缘）的标记 d_2 处（见图 3-3），d_1 和 d_2 测点必须在同一横断面上。测量 d_1 和 d_2 处的高程，记录高程读数，以 m 计，准确至 0.001m。

（2）对无中央分隔带的路面，测定横坡时，将精密水准仪架设在路面平顺处调平，将塔尺分别竖立在路拱曲线与直线部分的交界位置 d_1 处，以及路面与路肩（或硬路肩）交界位置 d_2 处（见图 3-4），d_1 和 d_2 测点必须在同一横断面上。测量 d_1 与 d_2 处的高程，记录高程读数，以 m 计，准确至 0.001m。

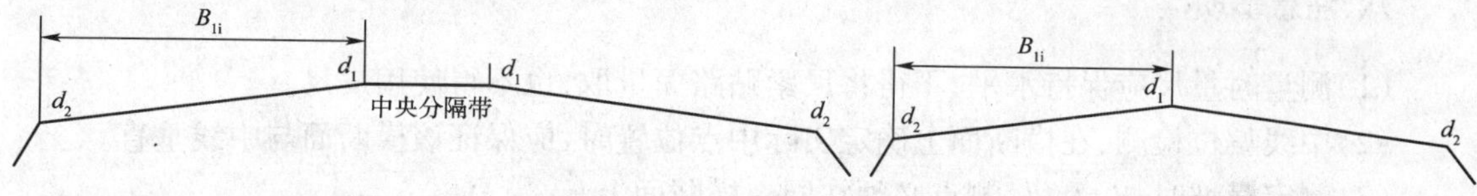

图 3-3 设有中央分隔带时横坡测点示意图

图 3-4 无中央分隔带时横坡测点示意图

（3）用钢尺测量两测点的水平距离 B_{1i}，以 m 计。对于高速公路及一级公路，准确至 0.005m；对于其他等级公路，准确至 0.01m。

2）计算

各测点断面的横坡 i_{1i} 按式（3-3）计算，准确至一位小数。按式（3-4）计算实测横坡 i_{1i} 与设计横坡 i_{0i} 之差 Δi_i。

$$i_{1i} = \frac{d_{1i} - d_{2i}}{B_{1i}} \times 100 \tag{3-3}$$

$$\Delta i_i = i_{1i} - i_{0i} \tag{3-4}$$

式中：i_{1i}——各测定断面的横坡（%）；

d_{1i} 及 d_{2i}——各断面测点 d_1 及 d_2 处的高程读数（m）；

B_{1i}——各断面测点 d_1 与 d_2 之间的水平距离（m）；

Δi_i——各断面的横坡和设计横坡的差值（%）；

i_{0i}——各断面的设计横坡（%）。

3）检测结果

路面横坡度检测结果如表 3-5 所示，按照横坡的允许偏差进行评定。

路面横坡度检测记录表

表 3-5

抽检段落：K73 + 300 ~ K73 + 800　　　　施工单位：

桩号	设计横坡（%）		实测横坡（%）		偏差（%）	
	左	右	左	右	左	右
K73 + 300	−2.00		−1.90		0.10	
K73 + 350	−2.00		−1.80		0.20	
K73 + 400	−2.00		−1.85		0.15	
K73 + 450	−2.00		−1.87		0.13	
K73 + 500	−2.00		−1.78		0.22	
K73 + 550	−2.00		−2.10		−0.10	
K73 + 600	−1.19		−1.07		0.12	
K73 + 650	0.54		0.36		−0.18	
K73 + 700	2.00		2.35		0.35	
K73 + 750	2.00		1.68		−0.32	
K73 + 800	2.00		2.11		0.11	
统计	测点数	合格点数	不合格点数	合格率（%）	允许偏差（%）	
	11	9	2	81.82	±0.3	

检测：　　　　年　　月　　日　　　　复核：　　　　年　　月　　日

7. 路基边坡的检测

土、石方边坡检测的规定值要求不陡于设计值，检测频率为每 200m 测 4 处，且石方边坡的平顺度应符合设计要求。采用边坡样板或坡度尺沿横断面方向进行边坡检查。

六、注意事项

(1) 测量时量尺应保持水平，不得将尺紧贴路面量取，也不得使用皮尺。

(2) 中线偏位检测，在横断面上确定实际中点位置时，应保证该横断面与中线垂直。

(3) 测定横坡时，d_1 和 d_2 测点必须在同一横断面上。

课题二　挖坑及钻芯法测定路面厚度试验方法

一、概述

在路面工程中，各结构层的厚度与道路的整体强度密切相关，而且严格控制各结构层的厚度，能对路面高程起到一定的控制作用，所以厚度是一个非常重要的质量指标。《公路工程质量检验评定标准》(JTG F80/1—2004) 中，路面各个层次厚度的分值都较高。路面各层施工完成后及工程交工验收检查使用时，必须要对路面结构层厚度进行检测。

路面各结构层厚度的检测一般与压实度同时进行，当用灌砂法进行压实度检测时，可量取挖坑灌砂深度即为结构层厚度。当用钻芯取样法检测压实度时，可直接量取芯样的高度。结构层厚度也可以采用水准仪测量法求得，即在同一测点量出结构层底面及顶面的高程，然后求其差值。这种方法不必破坏路面，测试精度高。目前，国内外还用雷达、超声波等方法检测路面结构层厚度。

路面各结构层厚度的检测方法与结构层的层位和种类有关。对于基层或砾石路面的厚度可用挖坑法测定；沥青面层与水泥混凝土路面板的厚度应用钻孔法测定。

二、路面厚度代表值与极值的允许偏差

按照《公路工程质量检验评定标准》(JTG F80/1—2004) 的规定，几种路面结构层厚度的代表值与极值的允许偏差列于表 3-6 中。

几种路面结构层厚度的代表值与极值的允许偏差　　表 3-6

类型与层位	检查项目		规定值或允许偏差		检查方法和频率	权值
			高级公路、一级公路	其他公路		
水泥混凝土面层	板厚度 (mm)	代表值	-5		每 200m 每车道 2 处	3
		合格值	-10			
沥青混凝土面层	厚度 (mm)	代表值	总厚度：设计值的 -5% 上面层：设计值的 -10%	-8% *H*	双车道每 200m 测 1 处	3
石灰土、水泥土基层	厚度 (mm)	代表值	—	-10	每 200m 每车道 1 点	2
		合格值	—	-20		
石灰土、水泥土底基层	厚度 (mm)	代表值	-10	-12	每 200m 每车道 1 点	2
		合格值	-25	-30		

续上表

<table>
<tr><th rowspan="2">类型与层位</th><th rowspan="2" colspan="2">检查项目</th><th colspan="2">规定值或允许偏差</th><th rowspan="2">检查方法和频率</th><th rowspan="2">权值</th></tr>
<tr><th>高级公路、一级公路</th><th>其他公路</th></tr>
<tr><td rowspan="2">水泥稳定粒料基层</td><td rowspan="2">厚度(mm)</td><td>代表值</td><td>-8</td><td>-10</td><td rowspan="2">每200m每车道1点</td><td rowspan="2">3</td></tr>
<tr><td>合格值</td><td>-15</td><td>-20</td></tr>
<tr><td rowspan="2">底基层</td><td rowspan="2">厚度(mm)</td><td>代表值</td><td>-10</td><td>-12</td><td rowspan="2">每200m每车道1点</td><td rowspan="2">3</td></tr>
<tr><td>合格值</td><td>-25</td><td>-30</td></tr>
</table>

三、任务描述

某段高速公路路面基层为水泥稳定粒料结构层，K73 +000 ~ K74 +840 段基层施工完毕后，必须对其厚度进行检测，确保厚度满足表3-6所列要求，方可进行下一层施工。

四、任务分析

对于水泥稳定粒料基层刚施工成型时，结构层未达到终凝状态，或者对于砂石路面可采用挖坑法测定其结构层厚度(可与压实度同时进行测定)，方法简便，测试快捷；对于沥青路面及水泥混凝土路面板的厚度应用钻芯法测定；水泥稳定粒料基层硬化后，无法进行挖坑检测时，也应采用钻芯法测定芯样厚度。路面厚度测试按《公路路基路面现场测试规程》(JTG E60—2008)进行。

五、任务实施

1. 仪具与材料

(1)挖坑用的镐、铲、凿子、锤子、小铲、毛刷。

(2)取样用路面取芯钻机及钻头、冷水机。钻头的标准直径为ϕ100mm，如芯样仅供测量厚度，不做其他试验时，对沥青面层与水泥混凝土面板也可用直径ϕ50mm的钻头；对基层材料有可能损坏试件时，也可用直径ϕ150mm的钻头，但钻孔深度均必须达到层厚。

(3)量尺：钢板尺、钢卷尺、卡尺。

(4)补坑材料；与检查层位的材料相同。

(5)补坑用具；夯、热夯、水等。

(6)其他：搪瓷盘、棉纱等。

2. 挖坑法检测路面厚度

(1)按规范要求，随机选点(方法见单元二课题一)决定挖坑检查的位置。如为旧路，测点有坑洞等显著缺陷或接缝处时，可在其旁边检测。

(2)在选择试验地点，选一块约40cm×40cm的平坦表面作为试验地点，用毛刷将其清扫干净。

(3)根据材料坚硬程度，选择镐、铲、凿子等适当工具开挖这一层材料，直至层位底面。在便于开挖的前提下，开挖面积应尽量缩小，坑洞大体呈圆形。边开挖边将材料铲出，置于搪瓷盘中。

(4)用毛刷将坑底清扫干净，作为下一层的顶面。

(5)将钢板尺平放横跨于坑的两边(见图3-5)，用另

图3-5 测量检查层厚度

一把钢尺或卡尺等量具在坑的中部位置垂直伸至坑底，测量坑底至钢板尺的距离，即为检查层的厚度，以 mm 计，精确至 1mm。

3. 钻孔取芯样法检测路面厚度

（1）按规范要求，随机选点决定钻孔检查的位置。如为旧路，测点有坑洞等显著缺陷或接缝处时，可在其旁边检测。

（2）将取样位置清扫干净，用粉笔对钻孔位置做上标记。

（3）用钻机在取样地点垂直对准路面放下钻头，牢固安放钻机，使其在运转过程中不得移动。

（4）开放冷却水，启动电动机，徐徐压下钻杆，钻取芯样，但不得使劲下压钻头。待钻透全厚后，上抬钻杆，拔出钻头，停止转动，不使芯样损坏，取出芯样。沥青混合料芯样及水泥混凝土芯样可用清水漂洗干净备用。如图 3-6 所示。

图 3-6　取芯机钻孔

（5）芯样的直径符合上述第 1 条“仪具与材料”中第（2）款要求，但钻孔深度必须达到层厚。

（6）清除底面灰尘，找出与下层的分界面。

（7）用钢板尺或卡尺沿圆周对称的十字方向四处量取表面至上下层界面的高度，取其平均值，即为该层的厚度，精确至 1mm。

4. 大螺丝刀测厚度

在沥青路面施工过程中，当沥青混合料尚未冷却时，可根据需要随机选择测点，用大螺丝刀插入沥青层底面深度后用尺读数，量取沥青层的厚度，以 mm 计，准确至 1mm。

5. 填补试坑或钻孔

用挖坑法、钻孔取样法测定路面结构层厚度后，所有挖坑、钻孔均应仔细填好，要用取样层的相同材料来填补试坑或钻孔。补填如有疏忽，易成为隐患导致开裂。填补挖坑、钻孔的步骤如下：

（1）适当清理坑中残留物，钻孔时留下的积水用棉纱吸干。

（2）对无机结合料稳定层及水泥混凝土路面板，按相同配比用新拌的材料分层填补并用小锤压实。水泥混凝土中宜掺加少量快凝早强的外掺剂。

（3）对无机结合材料粒料基层，可用挖坑时取出的材料，适当加水充分拌和后分层填补，并用小锤压实。

（4）对正在施工的沥青路面，用相同级配的热拌沥青混合料分层填补并用加热铁锤或热夯压实。旧路钻孔也可用乳化沥青混合料修补。

（5）所有补坑结束时，宜比原面层略鼓出少许，用重锤或压路机压实平整。

六、路面结构层厚度的评定

路面厚度是关系质量和造价的重要指标，考虑正常施工条件下的厚度偏差情况，对路段内路面结构层厚度按代表值和单个合格值的允许偏差进行评定。

厚度代表值为厚度的算术平均值的下置信界限值，按式（3-5）计算。

$$X_L = \overline{X} - \frac{t_a}{\sqrt{n}}S \tag{3-5}$$

式中：X_L——厚度代表值（算术平均值的下置信界限）；

$\bar{X}$——厚度平均值；

S——标准差；

n——检测数量；

t_a——t 分布在表中随测点和保证率（或置信度 α）而变的系数，查单元四表 4-9 可得 $t_a/\sqrt{n}$值。

采用保证率如下：

高速公路、一级公路：基层、底基层为 99%，面层为 95%；其他公路：基层、底基层为 95%，面层为 90%。

当厚度代表值大于或等于设计厚度减去代表值允许偏差时，则按单个检查值的偏差不超过单点合格值来计算合格率；当厚度代表值小于设计厚度减去代表值允许偏差时，相应分项工程评为不合格。

沥青面层一般按沥青铺筑层总厚度进行评定，高速公路和一级公路分 2～3 层铺筑时，还应进行上面层厚度检查和评定。

七、报告

某段高速公路路面水泥稳定粒料结构层厚度检测结果，如表 3-7 所示。

路面基层厚度检测记录表

表 3-7

施工单位：

抽检桩号：K73 +000 ~ K75 +000

名　称	基层	起止桩号	K73 +000 ~ K75 +000（右幅）		
测试方式及工具名称：钻芯法					
桩号	距中桩距离（m）	厚度（mm）	桩号	距中桩距离（m）	厚度（mm）
K73 +000	1	203	K74 +040	6	205
K73 +080	6	205	K74 +120	12.25	203
K73 +160	12.25	205	K74 +200	1	201
K73 +240	1	200	K74 +280	6	205
K73 +320	6	203	K74 +360	12.25	204
K73 +400	12.25	200	K74 +440	1	200
K73 +480	1	201	K74 +520	6	205
K73 +560	6	204	K74 +600	12.25	199
K73 +640	12.25	200	K74 +680	1	198
K73 +720	1	205	K74 +760	6	196
K73 +800	6	203	K74 +840	12.25	195
K73 +880	12.25	201	K74 +920	1	201
K73 +960	1	203	K75 +000	6	196
设计厚度：200　代表值允许偏差：-5　极值允许偏差：-10					
$n=26$　$\bar{x}=201.58$　$S=3.02$　$t_a/\sqrt{n}=0.487$（根据 $n=26$　$\alpha=99\%$　查表 4-9 得）					
$x_L=\bar{x}-S\times(t_a/\sqrt{n})=200.11>195$mm　低于极值 190mm 的点数 $m=0$					
结论：该路段的路面基层厚度满足要求					

检测：　　　年　月　日　　　　复核：　　　年　月　日

八、注意事项

(1)挖坑法测量结构层厚度时,必须用两把卡尺做成十字形准确测量,忌用一把尺子测量。

(2)当用钻芯法不能取出完整的芯样时,芯样的厚度不能代表结构层厚度,而必须按挖坑法测量其厚度。

(3)当用钻芯法同时取出几层芯样时,各层的分界面应仔细界定,仔细切割,并标识清楚层次桩号等,以免混淆。

(4)每个芯样厚度应取4处测量值的平均值。

复习思考题

1. 阐述路基路面几何尺寸的检测目的。

2. 中线偏位、纵断面高程的检测包括哪些内容?简述其检测方法。

3. 路基路面宽度检测的内容有哪些?其检测的步骤和方法有哪些?

4. 路面结构层厚度的检测方法有哪些?

5. 某路段水泥混凝土路面板厚度检测数据如下表所示。保证率95%,设计厚度 h_d = 25cm,代表值允许偏差:-5mm,极值允许偏差:-10mm,试对该路段的板厚进行评价。

水泥混凝土路面板厚度检测结果

序号	1	2	3	4	5	6	7	8	9	10	11	12	13	14	15
厚度(cm)	25.0	24.9	25.1	24.6	24.7	25.4	25.2	25.3	24.7	24.8	24.9	24.8	25.3	25.3	25.2
序号	16	17	18	19	20	21	22	23	24	25	26	27	28	29	30
厚度(cm)	25.1	25.1	24.8	25.0	25.2	24.7	24.9	25.0	25.4	25.2	25.1	25.0	25.0	25.5	25.4

单元四　路基路面压实度检测

知识点：

1. 测定压实度的目的、意义及压实度的定义；
2. 路基路面检测压实度方法、原理、特点及适用范围；
3. 环刀法测定压实度的测试步骤；
4. 灌砂法测定压实度的测试步骤；
5. 钻芯法测定沥青路面压实度的测试步骤；
6. 压实度的计算与评定。

技能点：

1. 会用环刀法、灌砂法和钻孔取芯法进行现场压实度检测；
2. 能对试验检测数据进行分析处理及评定。

课题一　标准密度的确定方法

一、检测压实度的目的

路基、路面压实质量是公路工程施工质量管理最重要的内在指标之一，它表征现场压实后材料的密度状况，压实度越高，密实度就越大，材料整体性能就越好。大量的工程实践表明：只有对路基、路面结构层进行充分压实，才能保证路基、路面的强度、刚度及路面的平整度，并保证其使用质量；若压实不足，则路面容易产生车辙、裂缝、沉陷及整个路面的剪切破坏。因此，碾压工艺成为路基路面施工质量控制的关键工序。

通常用压实度来衡量现场压实的质量。路基土、路面基层的压实度是指工地实际达到的干密度与室内标准击实试验所得的最大干密度的比值，用百分数表示；沥青类路面的压实度是指现场实际达到的密度与标准密度的比值，用百分数表示。

二、影响压实的因素

在施工现场碾压细粒土路基时，影响达到规定压实度的主要因素有含水率、碾压层厚度、压实机械类型、碾压遍数、地基强度等。

三、标准密度（最大干密度）的确定

室内试验得出的标准密度（最大干密度）是压实度评定的基准值，路面结构层不同，对应的标准密度也不同。路基和路面基层的压实度以室内击实试验得出的最大干密度为标准密度；沥青类路面面层则按《沥青路面施工技术规范》（JTG F40—2004）附录 E 的规定来确定。

1. 路基土最大干密度的确定

由于土的性质、颗粒的不同，确定最大干密度的方法也有区别。路基土最大干密度试验方法主要有击实法、振动台法和表面振动压实仪法。各方法的适用范围见表 4-1。

路基土最大干密度确定方法比较 表4-1

试验方法	适用范围	土的粒组
轻型、重型击实法	小试筒适用粒径不大于20mm的土 大试筒适用粒径不大于40mm的土	细粒土 粗粒土
振动台法	①本试验规定采用振动台法测定无黏性自由排水粗粒土和巨粒土(包括堆石料)的最大干密度。 ②本试验方法适用于通过0.074mm标准筛的干颗粒质量百分数不大于15%的无黏性自由排水粗粒土和巨粒土。 ③对于最大颗粒>60mm的巨粒土,因受试筒容许最大粒径的限制,宜按相似级配法的规定处理	粗粒土 巨粒土
表面振动压实仪法	同上	粗粒土 巨粒土

击实试验是通过试验得出击实曲线,确定最佳含水率和最大干密度,是路基土最大干密度确定的主要方法。击实试验由于击实功不同,可以分为重型和轻型击实,两个试验的原理和基本规律相似,但重型击实试验的击实功提高了4.5倍。击实试验中按采集土样的含水率,分为干土法和湿土法;按土能否重复使用,也分为两种,即土能重复使用和不能重复使用。选择时应根据工程的具体要求,按击实试验方法的规定,选择轻型或重型试验方法。根据土的性质选用干土法或湿土法,高含水率土宜选用湿土法,低含水率土则选用干土法,除易击碎的试样外,试样可以重复使用。

振动台法与表面振动压实仪法,均是采用振动方法测定土的最大干密度。前者是整个土样同时受到垂直方向的振动作用,而后者是振动作用自土体表面垂直向下传递。研究结果表明,对于无黏聚性自由排水土,这两种方法最大干密度试验的测定结果基本一致,但前者试验设备及操作较复杂,后者相对容易,且更接近于现场振动碾压的实际情况。因此,使用时可根据试验设备拥有情况选择其一即可,但推荐优先采用表面振动压实仪法。

已有的国内外研究结果表明,对于砂、卵石、漂石及堆石料等无黏聚性自由排水土而言,一致公认采用振动方法而不是普通击实法。因此,建议采用振动方法测定无黏聚性自由排水土的最大干密度。

各试验方法的仪器设备、试验步骤等,详见《公路土工试验规程》(JTG E40—2007)。

2. 路面基层材料标准密度(最大干密度)的确定

常见的路面基层材料有半刚性基层及粒料基层。粒料类基层最大干密度的确定,可参照粗粒土和巨粒土的振动法;半刚性材料基层材料按照《公路工程无机结合料稳定材料试验规程》(JTJ 057—94)执行,用标准击实法确定。但当粒料含量高(50%以上)时,击实法得出的最大干密度并不标准,此时应采用更为科学的理论计算法或振动击实法作为标准密度的确定方法。

3. 沥青混合料标准密度确定

沥青混合料标准密度,按《沥青路面施工技术规范》(JTG F40—2004)附录E的规定,有三种标准密度:一是当天的马歇尔试验的试件密度;二是试验路段的密度;三是每天实测的最大理论密度。在进行混合料的密度试验时,可根据表4-2的适用范围选用合适的方法,具体试验见《公路工程沥青及沥青混合料试验规程》(JTJ 052—2000),在进行压实度计算时,可根据实际需要选用其中1~2种作为钻孔法检测压实度的标准密度。

压实沥青混合料密度试验方法及适用范围比较

表 4-2

试验方法	适用范围
水中重法	仅适用于密实的Ⅰ型沥青混凝土试件,不适用于采用了吸水性大的集料的沥青混合料试件
表干法	适用于表面粗糙但较密实的Ⅰ型或Ⅱ型沥青混凝土试件,但不适用于吸水率 >2% 的沥青混合料试件
蜡封法	适用于吸水率 >2% 的Ⅰ型或Ⅱ型沥青混凝土试件,以及沥青碎石混合料试件,不能用水中重法或表干法测密度的试件
体积法	适用于空隙率较大的沥青碎石混合料及大空隙透水性开级配沥青混合料试件

四、现场密度试验检测方法

现场密度主要检测方法及各方法的适用范围,如表 4-3 所示。本单元介绍环刀法、灌砂法和钻芯法。

现场密度检测方法及适用范围比较

表 4-3

试验方法	适用范围
环刀法	适用于细粒土及无机结合料稳定细粒土的密度测试。但对无机结合料稳定细粒土,其龄期不宜超过 2d,且宜用于施工过程中的压实度检测
灌砂法	适用于在现场测定基层(或底基层)、砂石路面及路基土的各种材料压实层的密度和压实度。但不适用于填石路堤等大孔洞或大孔隙材料的压实度检测
核子法	适用于现场用核子密度仪以散射法或直接透射法测定路基或路面材料的密度和含水率,并计算施工压实度。适用于施工质量的现场快速评定,不宜用做仲裁试验或评定验收试验
钻芯法	适用于检测从压实的沥青路面上钻取的沥青混合料芯样试件的密实度,以评定沥青面层的施工压实度,同时适用于龄期较长的无机结合料稳定类基层和底基层的密度检测

课题二　环刀法测定压实度

一、任务描述

根据《公路路基路面现场测试规程》(JTG E60—2008)规定,环刀法适用于现场测定细粒土及无机结合料稳定细粒土的密度测定。但对无机结合料稳定细粒土,其龄期不宜超过 2d,且宜用于施工过程中的压实度检验。

现有某公路排水工程,桩号 K3 +080.456 ~ K7 +140.358,3∶7灰土垫层第二层碾压成型,如图 4-3 所示,需对垫层采用环刀法测定压实度。

二、任务分析

进行环刀法测定压实度,首先现场选点,将取土器(环刀)放置于土基或路面基层材料上进行取样,根据取出试样的质量及环刀体积(已知)计算试样的密度,测定试样的含水率并计算干密度;再根据击实试验得出的最大干密度来计算压实度。

三、任务实施

1. 仪具与材料

本试验需要下列仪器与材料:

1)人工取土器

人工取土器(见图4-1),包括环刀、环盖、定向筒和导杆。环刀内径6~8cm,高2~3cm,壁厚1.5~2mm。

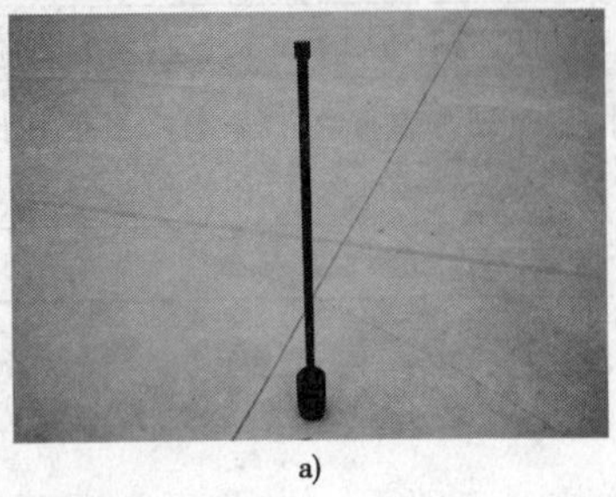

a)

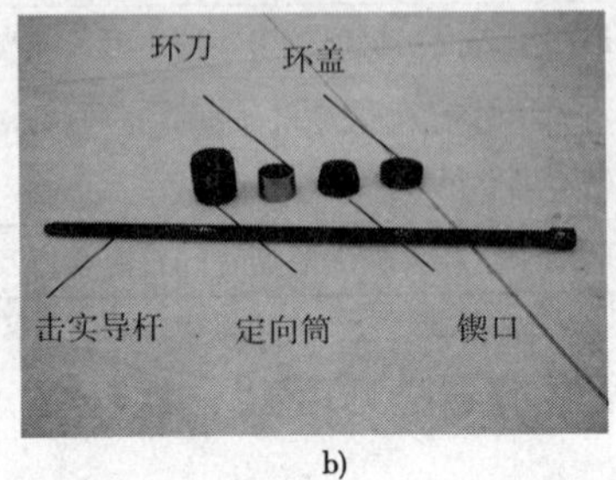

b)

图4-1 人工取土器

a)简易人工取土器外观图;b)人工取土器组成部件

2)电动取土器

电动取土器:如图4-2所示,它由底座、行走轮、立柱、齿轮箱、升降机构、取芯头等组成。

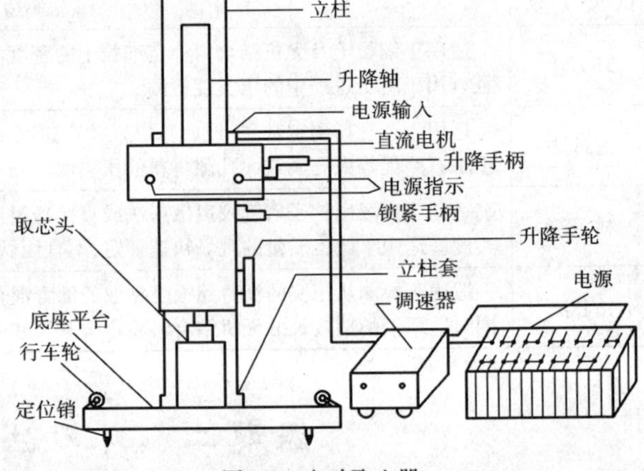

图4-2 电动取土器

(1)底座:由底座平台、定位销、行车轮组成。平台是整个仪器的支撑基础;定位销供操作时仪器定位用;行车轮供换点取芯时仪器近距离移动用,当定位时四只轮子可扳起离开地表。

(2)立柱:由立柱与立柱套组成,装在底座平台上,作为升降机构、取芯机构、动力和传动机构的支架。

(3)升降机构:由升降手轮、锁紧手柄组成,供调整取芯机构高低用。松开锁紧手柄,转动升降手轮,取芯机构即可升降,到所需位置时拧紧手柄定位。

(4)取芯机构:由取芯头、升降轴组成,取芯头为金属圆筒,下口对称焊接两个合金钢切削刀头,上端面焊有平盖,其上焊螺母,靠螺旋接于升降轴上。取芯头为可换式,有三种规格:50mm×50mm、70mm×70mm、100mm×100mm;另配有相应的取芯套筒、扳手、铝盒等。

(5)动力和传动机构:主要由直流电机、调速器、齿轮箱组成。另配电瓶和充电器。当电机工作时,通过齿轮箱的齿轮将动力传给取芯机构,升降轴旋转,取芯头进入旋切工作状态。

(6)电动取土器的主要技术参数为:

工作电压DC24V(36A·h);

转速50~70r/min,无级调速;

整机质量约35kg。

3)天平

天平:感量0.1g(用于取芯头内径<70mm样品的称量),或1.0g(用于取芯头内径100mm样品的称量)。

4）其他

其他：镐、小铁锹、修土刀、毛刷、直尺、钢丝锯、凡士林、木板及测定含水率设备等。

2. 检测方法与步骤

（1）按有关试验方法对检测试样用同种材料进行击实试验，得到最大干密度及最佳含水率。

（2）用人工取土器测定黏性土及无机结合料稳定细粒土密度的步骤如下：

①擦净环刀，称取环刀质量 m_2，准确至0.1g。

②在试验地点，将面积约30cm×30cm的地面清扫干净，并将压实层铲去表面浮动及不平整的部分，达到一定深度，使环刀打下后，能达到要求的取土深度，但不得将下层扰动。

③将定向筒齿钉固定于铲平的地面上，顺次将环刀、环盖放入定向筒内与地面垂直，如图4-3所示。

④将导杆保持垂直状态，用取土器落锤将环刀打入压实层中，至环盖顶面与定向筒上口齐平为止，如图4-4所示。

图4-3　取土器置于试验地点

图4-4　锤击导杆将环刀打入土层

⑤去掉击实锤和定向筒，用镐将环刀及试样挖出，如图4-5所示。

⑥轻轻取下环盖，用修土刀自边至中削去环刀两端余土，用直尺检测直至修平为止，如图4-6及图4-7所示。

图4-5　拆下导杆挖出环刀及试样

图4-6　拆掉套筒及锲口后的试件

⑦擦净环刀外壁，用天平称取环刀及试样合计质量 m_1，准确至0.1g。如图4-8所示。

⑧自环刀中取出试样，取具有代表性的试样，测定其含水率 w。

（3）用人工取土器测定砂性土或砂层密度时的步骤：

①如为湿润的砂土，试验时不需使用击实锤和定向筒。在铲平的地面上，细心挖出一个直径较环刀外径略大的砂土柱，将环刀刃口向下，平置于砂土柱上，用两手平稳地将环刀垂直压

下，直到砂土柱突出环刀上端约 2cm 时为止。

图 4-7　用修土刀削平环刀两边余土的试件

图 4-8　称环刀及土样质量

②削掉环刀口上多余砂土，并用直尺刮平。

③在环刀上口盖一块平滑的木板，一手按住木板，另一手用小铁锹将试样从环刀底部切断；然后将装满试样的环刀反转过来，削去环刀刃口上部的多余砂土，并用直尺刮平。

④擦净环刀外壁，称环刀与试样合计质量 m_1，准确至 0.1g。

⑤自环刀中取具有代表性的试样测定其含水率 w。

⑥干燥的砂土不能挖成砂土柱时，可直接将环刀压入或打入土中。

(4)用电动取土器测定无机结合料稳定细粒土和硬塑土密度的步骤：

①装上所需规格的取芯头。在施工现场取芯前，选择一块平整的路段，将四只行走轮打起，四根定位销钉采用人工加压的方法，压入路基土层中，松开锁紧手柄，旋动升降手轮，使取芯头刚好与土层接触，锁紧手柄。

②将电瓶与调速器接通，调速器的输出端接入取芯机电源插口。指示灯亮，显示电路已通；启动开关，电动机工作，带动取芯机构转动。根据土层含水率调节转速，操作升降手柄，上提取芯机构，停机，移开机器。由于取芯头圆筒外表有几条螺旋状突起，切下的土屑排在筒外顺螺纹上旋抛出地表。因此，将取芯套筒在切削好的土芯立柱上，摇动即可取出样品。

③取出样品，立即按取芯套筒长度用修土刀或钢丝锯修平两端，制成所需规格土芯，如拟进行其他试验项目，装入铝盒，送往试验室外备用。

④用天平称量土芯加套筒质量 m_1，从土芯中心部分取试样测定含水率。

(5)本试验须进行两次平行测定，其平行差值不得大于 0.03g/cm³，求其算术平均值。

四、检测结果计算

(1)按式(4-1)、式(4-2)分别计算试样的湿密度及干密度：

$$\rho_w = \frac{4 \times (m_1 - m_2)}{\pi d^2 h} \tag{4-1}$$

$$\rho_d = \frac{\rho_w}{1 + 0.01w} \tag{4-2}$$

式中：ρ_w——试样的湿密度(g/cm³)；

ρ_d——试样的干密度(g/cm³)；

m_1——环刀或取芯套筒与试样合计质量(g)；

m_2——环刀或取芯套筒质量(g)；

d——环刀或取芯套筒直径(cm);

h——环刀或取芯套筒高度(cm);

w——试样的含水率(%)。

(2)按式(4-3)计算施工压实度:

$$K = \frac{\rho_d}{\rho_c} \times 100 \tag{4-3}$$

式中:*K*——测试地点的施工压实度(%);

ρ_d——试样的干密度(g/cm^3);

ρ_c——击实试验得到的试样的最大干密度或其他标准密度(g/cm^3)。

(3)环刀法压实度试验记录,如表4-4 所示。

土壤压实度(环刀法)试验记录 表4-4

工程名称: 排水工程 Y3-3 至 Y3-5 右侧雨水管　　施工单位:

击实种类:重型击实

代表部位: 3:7灰土垫层第二层

取样位置		K3 +090		K3 +120	
土样种类		3:7灰土			
湿密度	环刀号	06		03	
	环刀 + 土质量(g)	564.17		557.02	
	环刀质量(g)	180.4		175.7	
	土质量(g)	383.77		381.32	
	环刀容积(cm^3)	195.8		192.5	
	湿密度(g/cm^3)	1.96		1.98	
干密度	盒号	37	56	21	19
	盒 + 湿土质量(g)	39.38	40.67	40.32	41.13
	盒 + 干土质量(g)	35.64	36.88	36.23	36.92
	水质量(g)	3.74	3.79	4.09	4.21
	盒质量(g)	12.32	12.44	12.08	11.97
	干土质量(g)	23.32	24.44	24.15	24.95
	含水率(%)	16.04	15.51	16.94	16.87
	平均含水率	15.8		16.9	
	干密度(g/cm^3)	1.69		1.69	
	平均干密度(g/cm^3)	1.69			
	最大干密度(g/cm^3)	1.73			
	压实度(%)	97.7			
备注	本试验经二次平行测定后,其平行差值不大于规定,取其算术平均值				
	该点符合 $K \geq 96\%$				

试验:　　　　年　月　日　　复核:　　　　年　月　日

注:①土质量 = [环刀 + 土质量(g)] - 环刀质量(g);

②湿密度 = 土质量/环刀容积;

③水质量 = [盒 + 湿土质量(g)] - [盒 + 干土质量(g)];

④干土质量 = [盒 + 干土质量(g)] - 盒质量(g);

⑤含水率 = (水质量/干试样质量) ×100%;

⑥干密度 = 湿密度/(1 + 平均含水率);

⑦压实度 = 干密度/最佳干密度。

五、注意事项

(1)试验过程不能扰动试样,保证试样原有的密实度。

(2)环刀两端土必须修平,不能有凹凸不平现象,确保使试样体积等于环刀体积。

(3)对于湿润或干燥砂土,不需用击实锤和定向筒,用两手平稳垂直地压下环刀即可。

课题三　灌砂法测定压实度

一、任务描述

公路路基每一层填土碾压完毕后,进行下一层施工前必须确认该层路基压实度是否合格,灌砂法测定压实度是路基路面现场测试压实度最常用的方法之一。

某公路土方路基路槽验收,现采用灌砂法测定该段路基压实度。

二、任务分析

灌砂法是利用均匀颗粒的砂去置换试洞的体积。适用于在现场测定基层(或底基层)、砂石路面及路基上各种材料的压实度,但不适用于填石路堤等有大孔洞或大孔隙材料的压实度检测。

灌砂法测定程序示意图,如图 4-9 所示。首先在试验室测定标准量砂的密度;然后在现场根据随机选点法选定试验地点,按规范挖取一个试洞,称取量砂灌入试洞,用量砂体积置换试洞体积,计算该测点的湿密度和干密度,从而得出该点压实度。

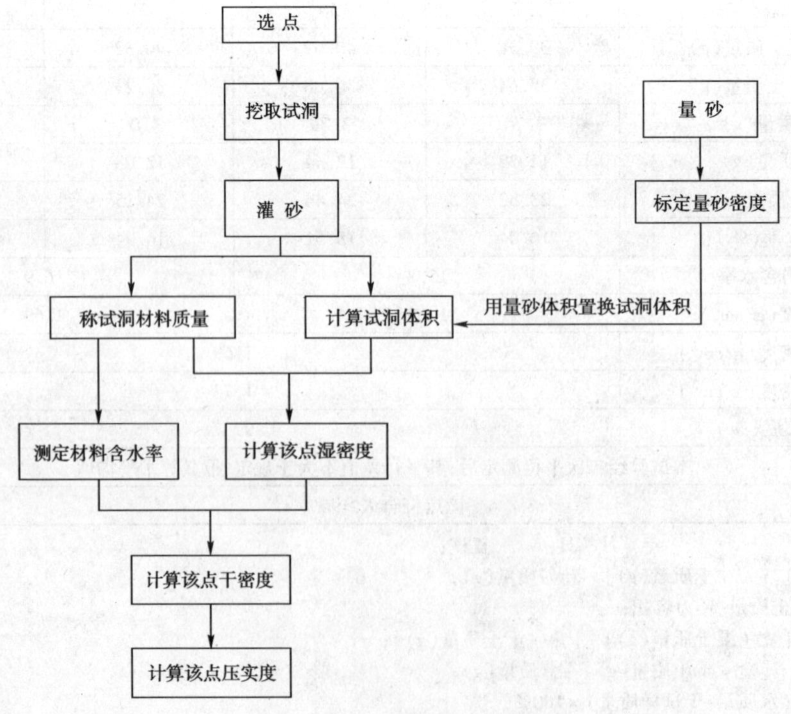

图 4-9　灌砂法测定程序示意图

三、任务实施

按照《公路路基路面现场测试规程》(JTG E60—2008),采用挖坑灌砂法测定压实度时,应符合下列规定:

(1)当集料的最大粒径 < 13.2mm,测定层的厚度不超过 150mm 时,宜采用 ϕ100mm 的小型灌砂筒测试。

(2)当集料的最大粒径 ≥13.2mm,但不大于 31.5mm,测定层的厚度超过 150mm,但不超过 200mm 时,宜采用 ϕ150mm 的大型灌砂筒测试。

1. 仪具与材料

(1)灌砂筒:有大小两种,根据需要采用,形式如图 4-10 所示,对应尺寸如图 4-12a)所示,见表 4-5。当尺寸与表中不一致,但不影响使用时,亦可使用。上部为储砂筒,筒底中心有一圆孔;下部装一倒置的圆锥形漏斗,漏斗上端开口,直径与储砂筒的圆孔相同。漏斗焊接在一块铁板上,铁板中心有一圆孔与漏斗上开口相接,在储砂筒筒底与漏斗顶端铁板之间设有开关。开关为一薄铁板,一端与筒底及漏斗铁板铰接在一起;另一端伸出筒身外,开关铁板上也有一个相同直径的圆孔。如图 4-11 所示。

图 4-10 灌砂筒及标定罐实物图

图 4-11 灌砂筒底部锥体外观图

灌砂筒的主要尺寸　　表 4-5

结　构		小型灌砂筒	大型灌砂筒
储砂筒	直径(mm)	100	150
	容积(cm^3)	2120	4600
流砂孔	直径(mm)	10	15
金属标定罐	内径(mm)	100	150
	外径(mm)	150	200
金属方盘基板	边长(mm)	350	400
	深(mm)	40	50
	中孔直径(mm)	100	150

注:如集料的最大粒径超过 31.5mm,则应相应地增大灌砂筒和标定罐的尺寸;如集料的最大粒径超过 53mm,灌砂筒和现场试洞的直径为 200mm。

(2)标定罐:如图 4-10 所示,用薄铁板制作的金属罐,上端周围有一罐缘。罐的尺寸示意图,如图 4-12b)所示。

(3)基板:用薄铁板制作的金属方盘,盘的中心有一圆孔。

(4)玻璃板:边长约 500 ~ 600mm 的方形板。

(5)试样盘:小筒挖出的试样可以用饭盒存放,大筒挖出的试样可以用 300mm × 500mm × 40mm 的搪瓷盘存放。

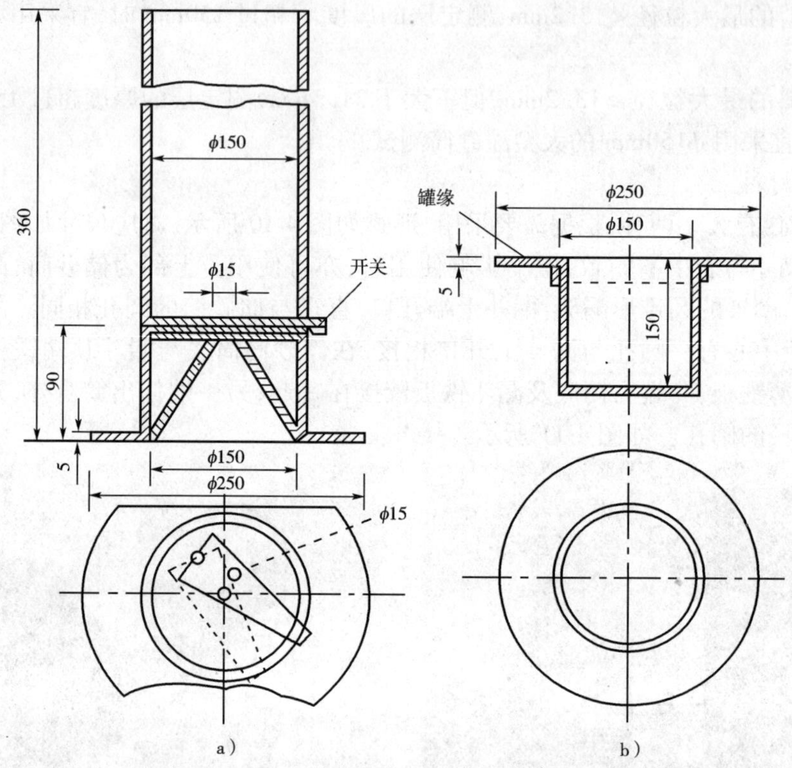

图 4-12　灌砂筒和标定罐尺寸示意图(尺寸单位:mm)

a)灌砂筒;b)标定罐

(6)天平或台秤:称量 10 ~ 15kg,感量不大于 1g,用于含水率测定的天平精度,对于细粒土、中粒土、粗粒土宜分别为 0.01g、0.1g、1.0g。

(7)含水率测定器具:如铝盒、烘箱等。

(8)量砂:粒径 0.30 ~ 0.60mm 清洁干燥的砂,质量约 20 ~ 40kg,使用前须洗净、烘干,并放置足够长的时间,使其与空气的湿度达到平衡。

(9)盛砂的容器:塑料桶等。

(10)其他:凿子、改锥、铁锤、长把勺、小簸箕、毛刷等。

2. 方法与步骤

(1)检测对象的试样在路基或路面施工前用同种材料进行室内击实试验,得到最大干密度 ρ_{dmax} 和最佳含水率 w_0。

(2)按规定选用适宜的灌砂筒。

(3)按下列步骤标定灌砂筒下部圆锥体砂的质量:

①在灌砂筒筒口高度上,向灌砂筒内装砂至距筒顶 15mm 左右为止,称取装入筒内砂的质量 m_1,准确至 1g。以后每次标定及试验都应该维持装砂高度与质量不变,如图 4-13 所示。

②将开关打开,将灌砂筒筒底的流砂孔、圆锥形漏斗上端开口的圆孔及开关铁板中心的圆孔上下对准重叠在一起,让砂自由流出,并使流出砂的体积与工地所挖试坑内的体积相当(或

等于标定罐的容积)，然后关上开关，如图 4-14 所示。

图 4-13　称(筒 + 砂)总质量 m_1

图 4-14　流出砂的体积与工地所挖试坑内的体积相当

③不晃动储砂筒的砂，轻轻地将灌砂筒移至玻璃板上，将开关打开，让砂流出，直至筒内砂不再下流时，将开关关上，并细心地取走灌砂筒，如图 4-15a)、b)所示。

a)　　　　　　　　b)

图　4-15

a)把装有余砂的筒放在玻璃板上；b)小心取下灌砂筒

④收集并称量留在玻璃板上的砂或称量筒内的砂，准确至 1g。玻璃板上的砂就是填满筒下部圆锥体的砂 m_2。

⑤重复上述测量三次，取其平均值。

(4)按下列步骤标定量砂的松方密度 ρ_s(g/cm^3)

①用水确定标定罐的容积 V，准确至 1mL，如图 4-16 所示。

②在储砂筒中装入质量为 m_1 的砂，并将灌砂筒放在标定罐上，将开关打开，让砂流出。在整个流砂过程中，不要碰到灌砂筒，直到储砂筒内的砂不再下流时，将开关关闭，取下灌砂筒，称取筒内剩余砂的质量 m_3，准确至 1g。

③按式(4-4)计算填满标定罐所需砂的质量 m_a。

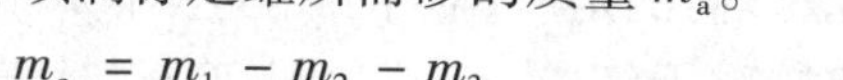

$$m_a = m_1 - m_2 - m_3 \tag{4-4}$$

图 4-16　测定标定罐的容积

式中：m_a——标定罐中砂的质量(g)；

m_1——装入灌砂筒内的砂及筒的总质量(g)；

m_2——灌砂筒下部圆锥体内砂的质量(g)；

m_3——灌砂入标定罐后，筒内剩余砂及筒的质量(g)。

④重复上述测量三次，取其平均值。

⑤按式(4-5)计算量砂的松方密度 ρ_s：

$$\rho_s = \frac{m_a}{V} \tag{4-5}$$

式中：ρ_s——量砂的松方密度(g/cm^3)；

V——标定罐的体积(cm^3)。

(5)试验步骤

①在测试地点，选一块平坦表面，并将其清扫干净，其面积不得小于基板面积。

②将基板放在平坦表面上，当表面粗糙度较大时，则将盛有量砂 m_5 的灌砂筒放在基板中间的圆孔上，将灌砂筒的开关打开，让砂流入基板中间的圆孔上，直到储砂筒内的砂不再下流时关闭开关。取下灌砂筒，并称量筒内砂的质量 m_6，准确至1g。如图4-17所示(注：当需要检测厚度时，应先测量厚度后再进行这一步骤)。

图4-17　现场标定灌砂筒锥砂的质量

③取走基板，并将留在试验地点的量砂收回，重新将表面清扫干净。

④将基板放回清扫干净的表面上(尽量放在原处)，沿基板中孔凿洞(洞的直径与灌砂筒一致)。在凿洞过程中，应注意不使凿出的材料丢失，并随时将凿松的材料取出装入塑料袋中，不使水分蒸发，也可放入大试验盒内。试洞的深度应等于测定层厚度，但不得有下层材料混入，最后将筒内的全部凿松材料取出。对土基或基层，为防止试样盘内材料的水分蒸发，可分几次称取材料的质量。全部取出材料的总质量为 m_w，准确至1g，如图4-18a)、b)所示。

a)

b)

图4-18　现场挖坑程序图

a)挖试洞；b)测定土层厚度

⑤从挖出的全部材料中取有代表性的样品，放在铝盒或洁净的搪瓷盘中，测定其含水率 w(以%计)。样品的数量如下：用小型灌砂筒测定时，对于细粒土，不少于100g；对于各种中粒土，不少于500g。用大型灌砂筒测定时，对于细粒土，不少于200g；对于各种中粒土，不少于

1000g；对于粗粒土或水泥、石灰、粉煤灰等无机结合料稳定材料，宜将取出的全部材料烘干，且不少于 2000g，称其质量 m_d，准确至 1g。

⑥将基板安放在试坑上，将灌砂筒安放在基板中间（储砂筒内放满砂到要求质量 m_1），使灌砂筒的下口对准基板的中孔及试洞，打开灌砂筒的开关，让砂流入试坑内。在此期间，应注意勿碰动灌砂筒。直到储砂筒内的砂不再下流时，关闭开关，仔细取走灌砂筒，并称量筒内剩余砂的质量 m_4，准确至 1g。

⑦如清扫干净的平坦表面粗糙度不大，可以省去②和③的操作。在试洞挖好后，将灌砂筒直接对准放在试坑上，中间不需要放基板。打开筒的开关，让砂流入试坑内。在此期间，应注意勿碰动灌砂筒。直到储砂筒内的砂不再下流时，关闭开关。仔细取走灌砂筒，并称量筒内剩余砂的质量 m'_4，准确至 1g，如图 4-19 所示。

a)

b)

图 4-19 现场灌砂程序示意图

a）灌砂；b）称筒及余砂质量

⑧仔细取出试洞内的量砂，以备下次试验时再用。若量砂的湿度已发生变化或量砂中混有杂质，则应该重新烘干、过筛，并放置一段时间，使其与空气的湿度达到平衡后再用。

3. 计算

（1）按式（4-6）或式（4-7）分别计算填满试坑所用砂的质量 m_b：

①灌砂时，试坑上放有基板时：

$$m_b = m_1 - m_4 - (m_5 - m_6) \tag{4-6}$$

②灌砂时，试坑上不放基板时：

$$m_b = m_1 - m'_4 - m_2 \tag{4-7}$$

式中：m_b——填满试坑时所用砂的质量（g）；

m_1——灌砂前灌砂筒及砂的总质量（g）；

m_2——灌砂筒下部圆锥体内砂的质量（g）；

m_4，m_4'——灌砂后，灌砂筒内剩余砂及筒的质量（g）；

$(m_5 - m_6)$——灌砂筒下部圆锥体内及基板和粗糙表面间砂的合计质量（g）。

（2）按式（4-8）计算试坑材料的湿密度 ρ_w（g/cm^3）：

$$\rho_w = \frac{m_w}{m_b} \times \rho_s \tag{4-8}$$

式中：m_w——试坑中取出的全部材料的质量(g)；

ρ_s——量砂的松方密度(g/cm^3)。

(3)按式(4-9)计算试坑材料的干密度ρ_d(g/cm^3)：

$$\rho_d = \frac{\rho_w}{1 + 0.01w} \tag{4-9}$$

式中：w——试坑材料的含水率(%)。

(4)当为水泥、石灰、粉煤灰等无机结合料稳定土的场合，可按式(4-10)计算干密度ρ_d(g/cm^3)：

$$\rho_d = \frac{m_d}{m_b} \times \rho_s \tag{4-10}$$

式中：m_d——试坑中取出的稳定土的烘干质量(g)。

(5)按式(4-11)计算施工压实度：

$$K = \frac{\rho_d}{\rho_c} \times 100\% \tag{4-11}$$

式中：K——测试地点的施工压实度(%)；

ρ_d——试样的干密度(%)；

ρ_c——由击实试验得到的试样的最大干密度(g/cm^3)。

(6)各种材料的干密度均应准确至$0.01g/cm^3$。

(7)压实度(灌砂法)现场检测结果，如表4-6、表4-7所示。

标准砂标定试验记录表(灌砂法用)　　表4-6

项目名称		合同段		施工单位	
水温	25℃	水的密度(g/cm^3)		ρ=0.99702	
灌砂筒编号		灌砂筒直径(mm)		150	
试验单位				试验日期	
标定罐体积	(标定罐+玻璃板)质量(g)	①	2210	2210	2210
	(标定罐+玻璃板+水)质量(g)	②	4847	4850	4851
	标定罐体积(cm^3)③=(②-①)/ρ	③	2645	2648	2649
	平均体积(cm^3)	④	2647		
锥体砂质量	锥体砂质量=玻璃板上砂质量(g)	⑤	712	710	717
	平均锥体砂质量(g)	⑥	713		
砂密度	灌砂前(筒+砂)质量(g)	⑦	9000	9000	9000
	灌砂后(筒+砂)质量(g)	⑧	4528	4522	4527
	标定罐砂质量(g)⑨=⑦-⑧-⑥	⑨	3759	3765	3760
	量砂松方密度(g/cm^3)⑩=⑨/④	⑩	1.420	1.422	1.420
	平均砂密度(g/cm^3)		1.42		
结果	锥体砂质量：713(g)　　量砂的密度：1.42(g/cm^3)				

试验：　　　　　　　　　　　　　　　　复核：

年　月　日　　　　　　　　　　　　　　年　月　日

灌砂法压实度检测记录表 表 4-7

项目名称			合同段				
施工单位			工程名称				
层次			量砂密度 ρ_s(g/cm^3)		1.421		
最大干密度(g/cm^3)	1.82	最佳含水率(%)	14.2	压实度标准(%)	96		
序号	试验项目公式	试验位置(桩号)					
(1)	现场标定锥砂质量 灌砂前(筒+砂)质量(g)	4500					
(2)	现场标定锥砂质量 灌砂后(筒+砂)质量(g)	3776					
(3)	现场标定锥砂质量 锥体及基板和粗糙表面间砂的合计质量(g)(1)-(2)	724					
(4)	灌砂前(筒+砂)质量(g)	9000					
(5)	灌砂后(筒+砂)质量(g)	4331					
(6)	灌入试坑砂质量(g)(4)-(5)-(3)	3945					
(7)	试坑体积(cm^3)(6)/ρ_s	2776.2					
(8)	湿试样质量(g)	5611					
(9)	湿密度(g/cm^3) (8)/(7)	2.021					
(10)	盒号	28	36				
(11)	盒质量(g)	78.5	80.4				
(12)	(盒+湿土)质量(g)	199.7	213.9				
(13)	(盒+干土)质量(g)	183.8	196.1				
(14)	干土质量(g) (13)-(11)	105.3	115.7				
(15)	水质量(g) (12)-(13)	16.4	17.1				
(16)	含水率(%) (15)/(14)×100%	15.10	15.21				
(17)	平均含水率(%)	15.2					
(18)	干密度(g/cm^3)(9)/[1+0.01×(17)]	1.75					
(19)	最大干密度(g/cm^3)	1.82					
(20)	压实度(%) (18)/(19)×100%	96.4					
(21)	压实层厚度(cm)	16.2					
注:压实层厚度为灌砂后挖至下层实测值							

试验: 复核:

年 月 日 年 月 日

四、注意事项

灌砂法是施工过程中最常用的试验方法之一。此方法表面上看起来较为简单,但实际操作时常常不好掌握,并会引起较大误差;又因为它是测定压实度的依据,故经常是质量检测监督部门与施工单位之间发生矛盾或纠纷的环节,因此应严格遵循试验的每个细节,以提高试验精度。为使试验做得准确,应注意以下几个环节:

(1)灌砂筒内的量砂在重复使用时,应烘干,处理一致,否则影响量砂的松方密度。若更换量砂,必须重测其松方密度。

(2)在进行标定罐容积标定时,罐外的水一定要擦干。

(3)在挖坑时试坑周壁应笔直,避免出现上大下小或上小下大的情形,且不得使凿出的试样丢失,以免检测密度偏大或偏小。

(4)地表面处理要平整,只要表面凸出一点(1mm),使整个表面高出一薄层,其体积也算到试坑中去了,会影响试验结果。

(5)无论是室内还是现场标定灌砂筒锥砂的质量,灌砂筒内装砂质量为 m_5,而非 m_1,即要流出一部分与试坑体积或标定罐容积相当的砂。

现场标定灌砂筒锥砂的质量后,基板应尽量放在原处挖坑。

(6)灌砂时检测厚度应为整个碾压层厚,不能只取上部或者取下一个碾压层。

课题四　钻芯法测定沥青路面面层压实度

一、任务描述

压实度是评定沥青路面质量的一个很重要的技术指标。沥青类路面的压实度,是指按规定方法测得的混合料的毛体积密度或表观密度与标准密度的比值,用百分数表示。国内外均以取样测定作为标准试验方法。

钻芯法适用于测定从压实的沥青路面上钻取沥青混合料芯样的密度,以评定沥青混凝土面层的施工压实度。

二、任务分析

进行沥青路面面层压实度检测,是用钻芯法在路面按随机选点法钻取芯样,按现行《公路工程沥青及沥青混合料试验规程》(JTJ 052—2000)的沥青混合料试件密度试验方法测定试件的表观密度或毛体积密度,从而计算压实度。

三、任务实施

1. 仪具与材料

(1)路面取芯钻机,如图 4-20 所示。

(2)天平,感量不大于 0.1g。

(3)溢流水槽。

(4)吊篮。

(5)石蜡。

(6)其他:卡尺,毛刷,小勺,取样袋(容器),电风扇。

2. 方法与步骤

1)钻取芯样

沥青混凝土芯样直径不宜小于 100mm。取芯方法按《公路路基路面现场测试规程》(JTG E60—2008)要求,应按如下操作步骤进行:

(1)在选取采样地点的路面上,先用粉笔对钻孔位置作标记。

(2)用钻机在取样地点垂直对准路面放下钻头,牢固安放钻机,使其在运转过程中不得移动。

(3)开放冷却水,启动电动机,徐徐压下钻杆,钻取芯样,但不得使劲下压钻头。待钻透全厚后,上抬钻杆,拔出钻头,停止转动,不使芯样损坏,取出芯样。沥青混合料芯样及水泥混凝土芯样可用清水漂洗干净备用。

注:当有试验要求不能用水冷却时,应采用干钻孔,此时为保护钻头,可先用干冰约 3kg 放在取样位置上冷却路面约 1h。钻孔时通常以低温 CO_2 等冷却气体以代替冷却水。

当一次钻孔取得的芯样包含有不同层位的沥青混合料时,应根据结构组合情况用切割机将芯样沿各层结合面锯开分层进行测定。如图 4-21 ~ 图 4-23 所示。

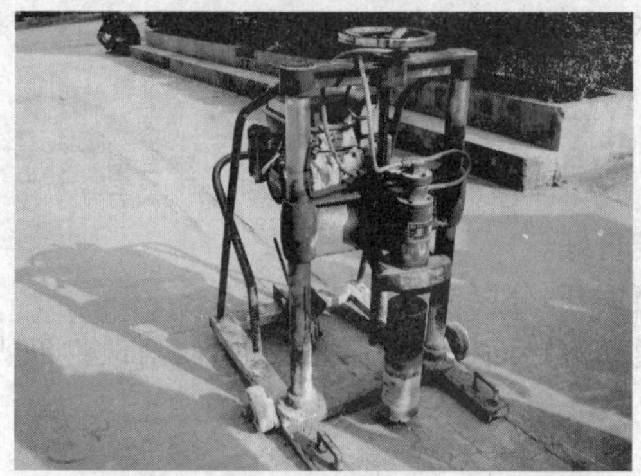

图 4-20　取芯机

图 4-21　在选定地点钻芯

图 4-22　提起钻芯机

图 4-23　取出芯样

2)测定试件密度

(1)将钻取的试件在水中用毛刷轻轻刷净黏附的粉尘。如试件边角有浮松颗粒,应仔细清除。

(2)将试件晾干或用电风扇吹干不少于 24h,直至恒重。

(3)按现行《公路工程沥青及沥青混合料试验规程》(JTJ 052—2000)的沥青混合料试件密度试验方法测定试件密度 ρ_s。通常情况下采用表干法测定试件的毛体积相对密度;对吸水率 >2% 的试件,宜采用蜡封法测定试件的毛体积相对密度;对吸水率 <0.5% 特别致密的沥青混合料,在施工质量检验时,允许采用水中重法测定表观相对密度。

3)检测结果计算

(1)当计算压实度的标准密度采用每天试验室实测的马歇尔击实试件密度或试验路段钻孔取样密度时,沥青面层的压实度按式(4-12)计算。

$$K = \frac{\rho_s}{\rho_0} \times 100 \tag{4-12}$$

式中:K——沥青面层某一测定部位的压实度(%);

ρ_s——沥青混合料芯样试件的表观密度或毛体积密度(g/cm^3);

ρ_0——沥青混合料标准密度(g/cm^3)。

(2)计算压实度的标准密度采用最大理论密度时,沥青面层的压实度按式(4-13)计算。

$$K = \frac{\rho_s}{\rho_t} \times 100 \tag{4-13}$$

式中:K——沥青面层某一测定部位的压实度(%);

ρ_s——沥青混合料芯样试件的表观密度或毛体积密度(g/cm^3);

ρ_t——沥青混合料的最大理论密度(g/cm^3)。

四、注意事项

(1)钻出芯样应写上桩号或贴标签,并用塑料袋封好。

(2)若所钻出的芯样包含下一结构层,应沿层面锯开,分层进行测定。

(3)钻孔取样应在路面完全冷却后进行,对普通沥青路面通常在第二天取样,对改性沥青及 SMA 路面宜在第三天以后取样。

课题五　压实度评定

一、压实度检验评定标准

路基、路面压实度检验评定标准要求,见表 4-8(权值均为 3)。

压实度检验评定要求　　表 4-8

<table>
<tr><th colspan="3" rowspan="3">工程项目类型</th><th colspan="3">规　定　值</th><th rowspan="3">检查方法和频率</th></tr>
<tr><th rowspan="2">高速、一级公路</th><th colspan="2">其他公路</th></tr>
<tr><th>二级公路</th><th>三、四级公路</th></tr>
<tr><td rowspan="5">土方路基</td><td rowspan="2">零填及挖方(m)</td><td>0～0.30</td><td>—</td><td>—</td><td>≥94</td><td rowspan="5">按有关方法检查,每 200m 每压实层测 4 处</td></tr>
<tr><td>0～0.80</td><td>≥96</td><td>≥95</td><td>—</td></tr>
<tr><td rowspan="3">填方(m)</td><td>0～0.80</td><td>≥96</td><td>≥95</td><td>≥94</td></tr>
<tr><td>0.80～1.50</td><td>≥94</td><td>≥94</td><td>≥93</td></tr>
<tr><td>>1.50</td><td>≥93</td><td>≥92</td><td>≥90</td></tr>
<tr><td rowspan="4">级配碎(砾)石</td><td rowspan="2">基层</td><td>代表值</td><td>98</td><td colspan="2">98</td><td rowspan="4">按有关方法检查,每 200m 每车道 2 处</td></tr>
<tr><td>极值</td><td>94</td><td colspan="2">94</td></tr>
<tr><td rowspan="2">底基层</td><td>代表值</td><td>96</td><td colspan="2">96</td></tr>
<tr><td>极值</td><td>92</td><td colspan="2">92</td></tr>
<tr><td rowspan="4">水泥土、石灰土、石灰粉煤灰土</td><td rowspan="2">基层</td><td>代表值</td><td>—</td><td colspan="2">95</td><td rowspan="4">按有关方法检查,每 200m 每车道 2 处</td></tr>
<tr><td>极值</td><td>—</td><td colspan="2">91</td></tr>
<tr><td rowspan="2">底基层</td><td>代表值</td><td>95</td><td colspan="2">93</td></tr>
<tr><td>极值</td><td>91</td><td colspan="2">89</td></tr>
</table>

续上表

工程项目类型			规定值			检查方法和频率
			高速、一级公路	其他公路		
				二级公路	三、四级公路	
石灰稳定粒料	基层	代表值	—	97		按有关方法检查，每200m每车道2处
		极值	—	93		
	底基层	代表值	96	95		
		极值	92	91		
石灰、粉煤灰稳定粒料、水泥稳定粒料	基层	代表值	98	97		按有关方法检查，每200m每车道2处
		极值	94	93		
	底基层	代表值	96	95		
		极值	92	91		
沥青混凝土和沥青碎(砾)石面层		试验室标准密度的96%(98% ＊) 最大理论密度的92%(94% ＊) 试验段密度的98%(99% ＊)				按有关方法检查，每200m每车道1处

注：表内压实度可选用其中的1个或2个标准评定，选用两个标准时，以合格率低的作为评定结果。带＊号者是指SMA路面，其他为普通沥青混凝土路面。

路基、路面压实度以1～3km长的路段为检验评定单元，按要求的检测频率(见表4-8)及方法进行现场压实度抽样检查，求算每一测点的压实度K_i。

二、压实度评定要点

(1)控制平均压实度的置信下限，以保证总体水平。

(2)规定单点极限值不得超出给定值，防止局部隐患。

(3)规定扣分界限以区分质量优劣。

三、压实度评定方法

1. 压实度代表值计算

检验评定段的压实度代表值K(算术平均值的下置信界限)为：

$$K = \bar{k} - S \times (t_a / \sqrt{n}) \geq k_0 \tag{4-14}$$

式中：$\bar{k}$——检验评定段内各测点压实度的平均值；

t_a——t分布表中随测点数和保证率(或置信度α)而变的系数，见表4-9(采用的保证率：高速公路、一级公路，基层、底基层为99%；路基、路面面层为95%；其他公路，基层、底基层为95%，路基、路面面层为90%)；

S——检测值的均方差；

n——检测点数；

k_0——压实度标准值。

2. 压实度评定

1)路基、基层和底基层

$K \geq K_0$且单点压实度K_i全部大于等于规定值减2%时，评定路段的压实度合格率为

100%；当 $K \geqslant K_0$，且单点压实度全部大于等于规定极值时，按测定值不低于规定值减 2% 的测点数计算合格率。

$t_a/\sqrt{n}$ 值 表 4-9

n	双边置信水平			单边置信水平		
	99%	95%	90%	99%	95%	90%
	$t_{0.995}/\sqrt{n}$	$t_{0.975}/\sqrt{n}$	$t_{0.95}/\sqrt{n}$	$t_{0.99}/\sqrt{n}$	$t_{0.95}/\sqrt{n}$	$t_{0.90}/\sqrt{n}$
2	45.012	8.985	4.465	22.501	4.465	2.176
3	5.730	2.484	1.686	4.201	1.686	1.089
4	2.921	1.591	1.177	2.270	1.177	0.819
5	2.059	1.242	0.953	1.676	0.953	0.686
6	1.646	1.049	0.823	1.374	0.823	0.603
7	1.401	0.925	0.734	1.188	0.734	0.544
8	1.237	0.836	0.670	1.060	0.670	0.500
9	1.118	0.769	0.620	0.966	0.620	0.466
10	1.028	0.715	0.580	0.892	0.580	0.437
11	0.955	0.672	0.546	0.833	0.546	0.414
12	0.897	0.635	0.518	0.785	0.518	0.393
13	0.847	0.604	0.494	0.744	0.494	0.376
14	0.805	0.577	0.473	0.708	0.473	0.361
15	0.769	0.554	0.455	0.678	0.455	0.347
16	0.737	0.533	0.438	0.651	0.438	0.335
17	0.708	0.514	0.423	0.626	0.423	0.324
18	0.683	0.497	0.410	0.605	0.410	0.314
19	0.660	0.482	0.398	0.586	0.398	0.305
20	0.640	0.468	0.387	0.568	0.387	0.297
21	0.621	0.455	0.376	0.552	0.376	0.289
22	0.604	0.443	0.367	0.537	0.367	0.282
23	0.588	0.432	0.358	0.523	0.358	0.275
24	0.573	0.422	0.350	0.510	0.350	0.269
25	0.559	0.413	0.342	0.498	0.342	0.264
26	0.547	0.404	0.335	0.487	0.335	0.258
27	0.535	0.396	0.328	0.477	0.328	0.253
28	0.524	0.388	0.322	0.467	0.322	0.248
29	0.513	0.380	0.316	0.458	0.316	0.244
30	0.503	0.373	0.310	0.449	0.310	0.239
40	0.428	0.320	0.266	0.383	0.266	0.206
50	0.380	0.284	0.237	0.340	0.237	0.184
60	0.344	0.258	0.216	0.308	0.216	0.167
70	0.318	0.238	0.199	0.285	0.199	0.155
80	0.297	0.223	0.186	0.266	0.186	0.145
90	0.278	0.209	0.175	0.249	0.175	0.136
100	0.263	0.198	0.166	0.236	0.166	0.129

$K < K_0$ 或某一单点压实度 K_i 小于规定极值时，该评定路段压实度为不合格，相应分项工程评定为不合格。

路堤施工段较短时，分层压实度应点点符合要求，且样本数不少于6个。

2)沥青面层

当 $K \geqslant K_0$ 且全部测点大于规定值减1%时，评定路段的压实度合格率为100%；当 $K \geqslant K_0$ 时，按测定值不低于规定值减1%的测点数计算合格率。

$K < K_0$ 时，评定路段的压实度为不合格，相应分项工程也评定为不合格。

例题：某公路路基施工中，某一路段压实度检测结果如表4-10所示，压实度标准 $K_0 = 95\%$。试按保证率95%评定该路段的压实度。

压实度检测结果 表4-10

序号	1	2	3	4	5	6	7	8	9	10
压实度(%)	96.4	95.4	93.5	97.3	96.3	95.8	95.9	96.7	95.3	95.6
序号	11	12	13	14	15	16	17	18	19	20
压实度(%)	97.6	95.8	96.8	95.7	96.1	96.3	95.1	95.5	97.0	95.3

解：经计算 $\overline{K} = 95.79\%$，$S = 0.91\%$

查附表得 $t_{0.95}/\sqrt{n} = 0.387$

$$K = \bar{k} - S \cdot t_a/\sqrt{n} = 95.97 - 0.91 \times 0.387 = 95.62 \geqslant K_0$$

故 $K > K_0$，且因单点压实度全部大于规定值减2%，所以该路段压实度的合格率为100%。

复习思考题

1. 简述路基土的最大干密度的确定方法及适用条件。
2. 简述环刀法测定压实度检测仪器有哪些？分别简述其试验步骤。
3. 简述灌砂法测定现场压实度的要点。
4. 简述钻芯法测定沥青路面面层密度的试验方法及步骤。
5. 简述压实度的评定方法。

单元五　路基路面平整度检测

知识点：

平整度的概念及测定意义。

技能点：

1. 会用 3m 直尺法进行平整度的检测；
2. 会用连续式平整度仪法进行平整度的检测；
3. 会进行路基路面平整度的评定。

课题一　概　　述

一、平整度的概念与测定意义

平整度是评定路面施工质量、使用质量及现有路面破坏程度的重要指标之一。它是指以规定的标准量规，间断地或连续地量测路表面的凹凸情况，即不平整度的指标。

实践证明，路面面层由于直接与车辆接触，不平整的表面将会增大行车阻力，并使车辆产生附加振动作用。这种振动作用会造成行车颠簸，影响行车的速度和安全、驾驶的平稳和乘客的舒适。同时振动作用还会对路面施加冲击力，从而加剧路面和汽车机件损坏及轮胎的磨损，并增大油料的消耗。而且不平整的路面会积滞雨水，加速路面的破坏。因此，平整度的检测与评定是公路施工与养护的一个非常重要的环节。

二、平整度的测试方法

平整度的测试设备分为断面类及反应类两大类。断面类实际上是测定路面表面的凹凸情况，最常用的测试设备有 3m 直尺和连续式平整度仪，还可用精确测定高程得到。反应类是测定路面凹凸不平引起车辆振动的颠簸情况，测得驾驶员和乘客直接感受到的平整度指标，因此它实际上得到的是舒适性能指标，常用的测试设备是车载式颠簸累积仪。现已有更新型的自动化测试设备，如纵断面分析仪、激光平整度仪、路面平整度数据采集系统测定车等。几种常见平整度检测方法的特点及技术指标比较，如表 5-1 所示。

平整度测试方法比较　　表 5-1

方　法	特　点	技术指标
3m 直尺法	设备简单，结构直观，间断测试，工作效率低，反映凹凸程度	最大间隙 h(mm)
连续式平整度仪法	设备较复杂，连续测试，工作效率高，反映凹凸程度	标准差 σ(mm)
颠簸累积仪	设备复杂，工作效率高，连续测试，反映舒适性	单项累计值 IRI(cm/km) VBI

三、平整度的技术标准

由于路表面的平整度与路面各结构层次的平整状况有着一定的联系，即各层次的平整效果将累积反映到路面表面上，因此为了确保路面表面的平整，还要对路基、路面基层和底基层的平整度进行控制和检测。《公路工程质量检验评定标准》(JTG F80/1 — 2004)对路基、路面、基层、底基层和路肩提出了平整度要求，如表 5-2、表 5-3 和表 5-4 所示。

路基、路面基层、底基层平整度要求　表 5-2

<table>
<tr><td rowspan="2">项目
结构类型</td><td colspan="2">规定值或允许偏差(mm)</td><td rowspan="2">检查方法和频率</td><td rowspan="2">权值</td></tr>
<tr><td>高速公路、一级公路</td><td>其他公路</td></tr>
<tr><td>土方路基</td><td>15</td><td>20</td><td rowspan="2">3m 直尺：每 200m 测 2 处×10 尺</td><td rowspan="2">2</td></tr>
<tr><td>石方路基</td><td>20</td><td>30</td></tr>
<tr><td>土工合成材料处治层
(下承层)</td><td colspan="2">符合设计施工要求</td><td>每 200m 检查 4 处</td><td>1</td></tr>
<tr><td>底基层</td><td>12</td><td>15</td><td rowspan="2">3m 直尺：每 200m 测 2 处×10 尺</td><td rowspan="2">2</td></tr>
<tr><td>基层</td><td>8 或—(见备注)</td><td>12</td></tr>
</table>

注：对于高速公路及一级公路，其水泥稳定粒料基层、石灰、粉煤灰稳定粒料基层、级配碎(砾)石基层的平整度规定值为 8mm，其余类型基层无规定值要求。

路面面层平整度要求　表 5-3

<table>
<tr><td rowspan="2">项目
结构类型</td><td rowspan="2">检查项目</td><td colspan="2">规定值或允许偏差</td><td rowspan="2">检查方法与频率</td><td rowspan="2">权值</td></tr>
<tr><td>高速公路、一级公路</td><td>其他公路</td></tr>
<tr><td rowspan="3">水泥混凝土</td><td>σ(mm)</td><td>1.2</td><td>2.0</td><td rowspan="2">平整度仪：全线每车道连续检测，每 100m 计算 σ、IRI</td><td rowspan="3">2</td></tr>
<tr><td>IRI(m/km)</td><td>2.0</td><td>3.2</td></tr>
<tr><td>最大间隙 h(mm)</td><td>—</td><td>5</td><td>3m 直尺：半幅车道板带每 200m 测 2 处×10 尺</td></tr>
<tr><td rowspan="3">沥青混凝土和沥青碎石</td><td>σ(mm)</td><td>1.2</td><td>2.5</td><td rowspan="2">平整度仪：全线每车道连续按每 100m 计算 σ 或 IRI</td><td rowspan="3">2</td></tr>
<tr><td>IRI(m/km)</td><td>2.0</td><td>4.2</td></tr>
<tr><td>最大间隙 h(mm)</td><td>—</td><td>5</td><td>3m 直尺：每 200m 测 2 处×10 尺</td></tr>
<tr><td rowspan="3">沥青贯入式</td><td>σ(mm)</td><td colspan="2">3.5</td><td rowspan="2">平整度仪：全线每车道连续按每 100m 计算 σ 或 IRI</td><td rowspan="3">3</td></tr>
<tr><td>IRI(m/km)</td><td colspan="2">5.8</td></tr>
<tr><td>最大间隙 h(mm)</td><td colspan="2">8</td><td>3m 直尺：每 200m 测 2 处×10 尺</td></tr>
<tr><td rowspan="3">沥青表面处治</td><td>σ(mm)</td><td colspan="2">4.5</td><td rowspan="2">平整度仪：全线每车道连续按每 100m 计算 σ 或 IRI</td><td rowspan="3">2</td></tr>
<tr><td>IRI(m/km)</td><td colspan="2">7.5</td></tr>
<tr><td>最大间隙 h(mm)</td><td colspan="2">10</td><td>3m 直尺：每 200m 测 2 处×10 尺</td></tr>
</table>

路肩平整度要求　表 5-4

<table>
<tr><td>结 构 类 型</td><td>规定值或允许偏差(mm)</td><td>检查方法与频率</td><td>权值</td></tr>
<tr><td>土路肩</td><td>20</td><td rowspan="2">3m 直尺：每 200m 测 2 处×4 尺</td><td rowspan="2">1</td></tr>
<tr><td>硬路肩</td><td>10</td></tr>
</table>

课题二 3m 直尺测定平整度

一、任务描述

在路基路面施工过程中，由于施工质量控制不严、施工工艺不够精细或施工机具落后等因素的影响，往往会造成路基路面表面凹凸不平。另外，道路在使用过程中，由于长期受车辆荷载作用，使得路面个别结构层承重能力降低，致使道路产生永久变形，也会使路面产生凹凸不平的现象。其外观特征示意如图 5-1 所示。如果该凹凸量值过大，它将直接关系到行车的安全性、舒适性以及营运经济性，并影响路面的使用年限。因此，在公路施工及养护过程中必须将该指标控制在一定范围内。现有 × × 高速公路级配碎石基层，欲对其采用 3m 直尺法测定平整度。

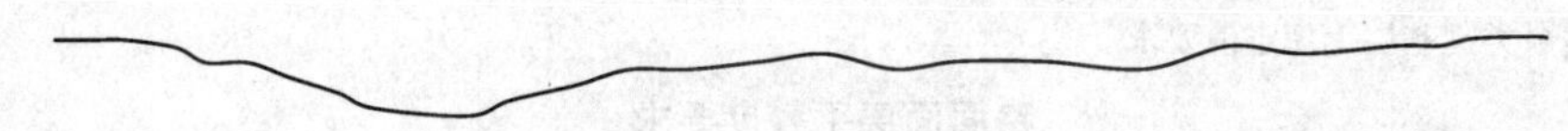

图 5-1　路基路面外观特征示意图

二、任务分析

为了测定路基、路面表面的不平整度值，可以将底面平直的 3m 直尺摆在凹凸不平的测试路段上，其测定原理如图 5-2 所示。由于路表面高低不平，故与直尺间存在间隙，则用有高度标记的楔形塞尺测量出路表面与直尺间的最大间隙，即可作为平整度指标，以 mm 计。

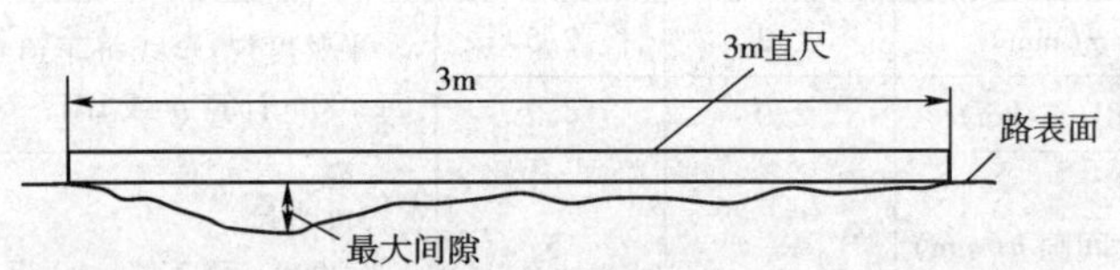

图 5-2　3m 直尺测平整度示意图

3m 直尺法适用于测定压实成型的路面各层表面的平整度，以评定路面的施工质量，也可用于路基表面成型后的施工平整度检测。本方法按《公路路基路面现场测试规程》(JTG E60—2008)进行。

三、任务实施

1. 仪具与材料

(1)3m 直尺：测量基准面长度为 3m 长，基准面应平直，用硬木或铝合金钢等材料制成，可折叠，如图 5-3 所示。打开后长 3m，上有水准气泡，其形状如图 5-4 所示。

(2)最大间隙测量器具：

①楔形塞尺：硬木或金属制的三角形塞尺，有手柄。塞尺的长度与高度之比不小于 10，宽度不大于 15mm，边部有高度标记，刻度读数分辨率≤0.2mm。如图 5-5 所示。

②深度尺：金属制的深度测量尺，有手柄。深度尺测量杆端头直径不小于 10mm，刻度读数分辨率≤0.2mm。

图 5-3　折叠的 3m 直尺

图 5-4　打开的 3m 直尺

(3)其他:皮尺或钢尺、粉笔等。

2. 方法与步骤

1)准备工作

(1)按有关规范规定选择测试路段。

(2)测试路段的测试地点选择:当为沥青路面施工过程中的质量检测时,测试地点应选在接缝处,以单杆测定评定;除高速公路以外,可用于其他等级公路路基路面工程质量检查验收或进行路况评定,每 200m 测两处,每处连续测量 10 尺。除特殊需要者外,应以行车道一侧车轮轮迹(距车道标线 0.8 ~ 1.0m)作为连续测定的标准位置,如图 5-6 所示。对旧路已形成车辙的路面,应取车辙中间位置为测定位置,用粉笔在路面上做好标记。

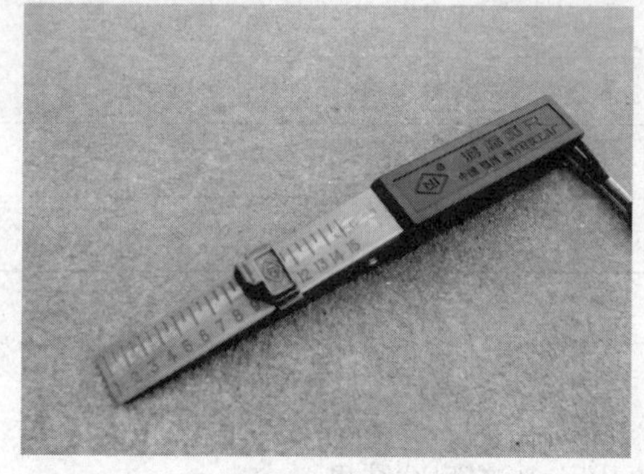

图 5-5　楔形塞尺

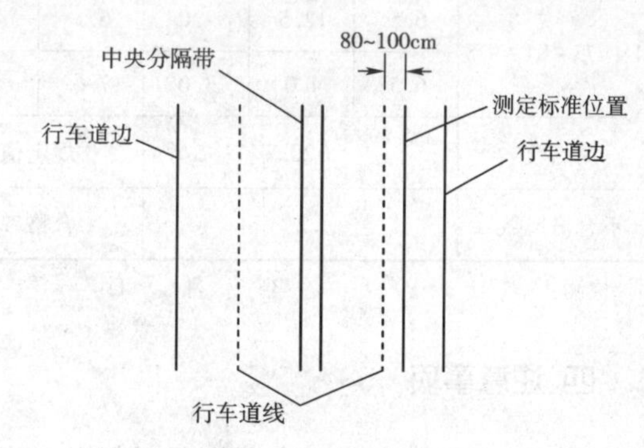

图 5-6　测点位置示意图

(3)清扫路面测定位置处的污物。

2)测试步骤

(1)在施工过程中检测时,根据需要确定的方向,将 3m 直尺摆在测试地点的路面上。

(2)目测 3m 直尺底面与路面之间的间隙情况,确定最大间隙的位置(见图 5-7)。

图 5-7　确定最大间隙

(3)用有高度标线的塞尺塞进间隙处，量测其最大间隙的高度(mm)(见图5-8)；或者用深度尺在最大间隙位置量测直尺上顶面距地面的深度，该深度减去尺高即为测试点的最大间隙高度，准确到0.2mm。

图5-8 塞尺测最大间隙

3. 计算

(1)单杆检测路面的平整度计算，以3m直尺与路面的最大间隙为测定结果。

(2)连续测定10尺时，判断每个测定值是否合格，根据要求计算合格百分率，并计算10个最大间隙的平均值。

$$合格率(\%)=(合格尺数/总测尺数)\times 100\% \tag{5-1}$$

4. 检测结果处理与评定

(1)单杆检测的结果，应随时记录测试位置及检测结果。

(2)连续测定10尺时，应报告平均值、不合格尺数和合格率。

(3)平整度检测记录表，如表5-5所示。

平整度检测(3m直尺法)记录表 表5-5

项目名称：××高速公路 施工单位：××工程公司 结构名称：(级配碎石)基层

起讫桩号(右幅)	实测值(mm)										备注
K1+775~K1+975	6.5	12.5	7.0	6.5	4.0	3.4	7.8	2.5	7.0	10.0	
	6.5	4.0	3.0	7.6	4.0	6.0	3.5	4.0	3.5	8.0	
测点数	20			规定值		8					
不合格尺数	2			合格率		90.0%					

检测： 年 月 日 复核： 年 月 日

四、注意事项

(1)测试之前应将测定位置处的污物清扫干净，以免影响测试结果。

(2)应正确选择测试位置，并且保证在测试过程中不要偏离。

(3)测间隙时，保证塞尺检测处为最大间隙处，当用目测无法判断最大间隙位置时，可用塞尺反复测试。

(4)连续检测时，要注意首尾相连，不能任意挪动。

课题三 连续式平整度仪测定平整度

一、任务描述

3m直尺法虽然设备简单，操作方便，但属于间断测试，由人工操作，工作效率低且受人为因素影响较大。另外《公路工程质量检验评定标准》(JTG F80/1—2004)规定：高速公路和一级公路的各种路面，采用连续式平整度仪作连续测定，要求以均方差 σ 代表路段现有的平整度。因此，在高等级公路施工与养护过程中，对于路面面层平整度的测试均采用连续式平整度仪法。现有××高速公路沥青混凝土路面上面层，欲对其采用连续式平整度仪测定其路面平整度。

二、任务分析

用连续式平整度仪测定平整度，只需将仪器调试好，用牵引车以一定的速度拉着仪器在测试路段上匀速行驶，便可通过测定轮上装有的位移传感器、距离传感器等检测器，每隔一定间距自动采集路面凹凸偏差位移值，并以每 100m 为一个计算区间，自动计算、打印路面平整度均方差。以均方差 σ 代表路段现有的平整度。

连续式平整度仪法适用于测定路表面的平整度、评定路面的施工质量和使用质量，但不适用于在已有较多坑槽、破损严重的路面上测定。

本方法按《公路路基路面现场测试规程》(JTG E60—2008)进行。

三、任务实施

1. 仪具与材料

1)连续式平整度仪

(1)整体结构：如图 5-9、图 5-10 所示，除特殊情况外，连续式平整度仪的标准长度为 3m，其质量应符合仪器标准的要求。中间为一个 3m 长的机架，机架可缩短或折叠，前后各有 4 个行走轮，前后两组轮的轴间距离为 3m。

图 5-9　折叠的连续式平整度仪

图 5-10　打开的连续式平整度仪

(2)标准差测量传感器：安装在机架中间，可以是能起落的测定轮，如图 5-11 所示，或非接触式位移传感器，如激光或超声位移测量传感器。

(3)其他辅助机构：蓄电池电源，距离传感器，与数据采集、处理、存储、输出部分配套的采集控制箱及计算机、打印机等。

(4)测定间距为 10cm，每一计算区间的长度为 100m，并输出一次结果。

(5)可记录测量长度(m)、曲线振幅大于某一定值(如 3mm、5mm、8mm、10mm 等)的次数、曲线振幅的单向(凸起或凹下)累计值及以 3m 机架为基准的中点路面偏差曲线图，计算打印。

(6)机架装有一牵引钩及手拉柄，可用人力或汽车牵引。其构造图如图 5-12 所示。

2)牵引车

牵引车，如小面包车或其他小型牵引汽车。

图 5-11 连续式平整度仪测定轮

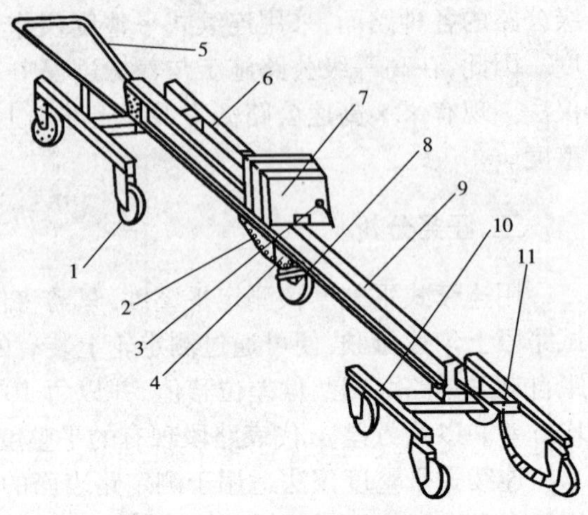

图 5-12 连续式平整度仪构造图

1-脚轮;2-拉簧;3-离合器;4-测量架;5-牵引架;6-前架;7-记录计;8-测定轮;9-纵梁;10-后架;11-软轴

3)皮尺或测绳

2. 方法与步骤

1)准备工作

(1)按有关规范规定选择测试路段。

(2)当为施工过程中质量检测需要时,测试地点根据需要决定;当为路面工程质量检查验收或进行路况评定需要时,通常以行车道一侧车轮轮迹带作为连续测定的标准位置。对旧路已形成车辙的路面,取一侧车辙中间位置为测定位置。当以内侧轮迹带(或外侧轮迹带)作为测定位置时,测定位置距车道标线 80～100cm。

(3)清扫路面测定位置处的杂物。

(4)检查仪器检测箱各部分应完好、灵敏,并将各连接线接妥,安装记录设备。

2)测试步骤

(1)将连续式平整度测定仪置于测试路段路面起点上。

(2)在牵引汽车的后部,将连续式平整度仪与牵引汽车连接好,按照仪器使用手册依次完成各项操作。

(3)启动牵引汽车,沿道路纵向行驶,横向位置保持稳定。

(4)确认连续式平整度仪工作正常。牵引连续式平整度仪的速度应保持匀速,速度宜为 5km/h,最大不得超过 12km/h。

在测试路段较短时,亦可用人力拖拉平整度仪测定路面平整度,但拖拉时应保持匀速前进。

3. 计算

(1)连续式平整度仪测定后,可按每 10cm 间距采集的位移值自动计算得到每 100m 计算区间的平整度标准差(mm),还可以记录测试长度(m)。

(2)每一计算区间的路面平整度,以该区间测定结果的标准差表示:

$$\sigma_i = \sqrt{\frac{\sum d_i^2 - (\sum d_i)^2 / N}{N - 1}} \tag{5-2}$$

式中:σ_i——各计算区间的平整度计算值(mm);

d_i——以 100m 为一个计算区间,每隔一定距离(自动采集间距为 10cm,人工采集间距为 1.5m)采集的路面凹凸偏差位移值(mm);

N——计算区间用于计算标准差的测试数据个数。

(3)计算一个评定路段内各区间平整度标准差的平均值、标准差、变异系数。

4.检测结果处理与评定

(1)列表报告每一评定路段内各测定区间的平整度标准差,各评定路段平整度的平均值、标准差、变异系数以及不合格区间数。

(2)对于每一评定路段,计算出平整度均方差的平均值,要求小于等于相应等级公路的规范要求值。测试时对于桥头、通道两侧的伸缩缝、路面污染处,其数据应予剔除,计算时不考虑。

(3)连续式平整度仪测定平整度记录表,如表 5-6 所示。

连续式平整度仪测定平整度记录表 表 5-6

工程名称:××高速公路 结构名称:沥青混凝土路面上面层 规定值:[σ]=1.2mm 路段桩号:

测定区间桩号	标准差	平均值	标准差(mm)	变异系数(%)	合格区间数	合格率(%)
K2+100	0.48	0.68	0.146	21.5	9	81.8
K2+200	0.76					
K2+300	0.51					
K2+400	0.80					
K2+500	0.65					
K2+600	1.67 (桥头伸缩缝)					
K2+700	0.71					
K2+800	0.94					
K2+900	0.57					
K3+000	1.35 (路面污染)					
K3+100	0.70					
结论:根据《公路工程质量检验评定标准》(JTG F80/1—2004)规定:高速公路沥青混凝土路面上面层平整度规定值[σ]=1.2mm,经计算该路段平整度均方差的平均值为 0.68mm,即 $\overline{\sigma}=0.68\text{mm}<[\sigma]=1.2\text{mm}$,所以该路段平整度评为合格						

检测: 年 月 日 复核: 年 月 日

四、注意事项

(1)测试之前应将测定位置处的污物清扫干净,以免影响测试结果。

(2)测试前应检查仪器各部件是否完好、灵敏、连接无误。

(3)测试时速度应保持匀速,宜为 5km/h,最大不超过 12km/h,且测试过程中横向位置应保持稳定。

(4)路面有较多坑槽、破损严重时,不宜采用此方法测试。

(5)测试时应在测试纸上随时记录桥头、通道两侧伸缩缝、路面污染的位置。

复习思考题

1. 常见的平整度测试方法有哪些？这些测试方法相应的技术指标及特点是什么？
2. 试述3m直尺法测平整度的测试步骤。
3. 简述3m直尺法测平整度时应该注意的问题。
4. 简述连续式平整度仪法测平整度时应该注意的问题。

单元六　路面抗滑性能检测

知识点：

1. 路面抗滑性能的概念；
2. 测定路面抗滑性能的方法；
3.《公路工程质量检验评定标准》(JTG F80/1—2004)对路面抗滑性能的要求。

技能点：

1. 能运用手工铺砂法对路面构造深度进行测试及评定；
2. 能运用摆式仪对路面的抗滑摆值进行测试；
3. 能对抗滑摆值测试数据进行正确的处理。

课题一　概　　述

一、路面抗滑性能的概念

路面抗滑性能，是指车辆轮胎受到制动时沿表面滑移所产生的力。通常抗滑性能被看作是路面的表面特性，并用轮胎与路面间的摩阻系数来表示。路面表面特性，包括路表面细构造(微观构造)和粗构造(宏观构造)。影响抗滑性能的因素有路面表面特性、路面潮湿程度和行车速度。

路表面微观构造指集料表面的粗糙度，它随车轮的反复磨耗而逐渐被磨光。通常用石料磨光值(PSV)表征抗磨光的性能。微观构造在低速(30～50km/h 以下)时，对路表抗滑性能起决定作用。路面的宏观构造是指路表面凹凸不平的开口孔隙(其外观特征如图 6-1 所示)，在高速时主要起作用的是宏观构造，它主要反映路面表面的排水性能，通常用构造深度表示。

图 6-1　宏观构造外观特征图

二、路面抗滑性能的要求

我国公路科学研究者在参考国内外的研究成果并结合我国的实际情况的基础上，提出了高等级公路路面抗滑性的检验方法及标准。具体是以路面的摩擦系数与构造深度来作为衡量指标。

路面摩擦系数是反映在较高速行车条件下的路面抗滑综合指标，目前世界上使用的有纵向摩擦系数与横向摩擦系数两种。纵向摩擦系数主要表示车辆在路面上沿行车方向制动时的路面拉力。横向摩擦系数表示车辆在制动时路面的拉力，同时还表征车辆在路面上发生侧滑的拉力。我国《公路路基路面现场测试规程》(JTG E60—2008)规定：采用横向力摩擦系数测定车，测量路面横向摩擦系数（SFC）。我国《公路沥青路面设计规范》（JTG D50—2006）规定：以竣工后第一个夏季测定的横向摩擦系数作为评定指标。

《公路工程质量检验评定标准》（JTG F80/1—2004）对路面抗滑性能的要求，如表6-1所示。

路面抗滑性能的要求 表6-1

<table>
<tr><th rowspan="2">路面类型</th><th rowspan="2">检查项目</th><th colspan="2">规定值或允许偏差</th><th rowspan="2">检查方法和频率</th><th rowspan="2">权值</th></tr>
<tr><th>高速公路、一级公路</th><th>其他公路</th></tr>
<tr><td>水泥混凝土面层</td><td>构造深度（mm）</td><td>一般路段不小于0.7且不大于1.1；特殊路段不小于0.8且不大于1.2</td><td>一般路段不小于0.5且不大于1.0；特殊路段不小于0.6且不大于1.1</td><td>铺砂法：每200m测1处</td><td>2</td></tr>
<tr><td rowspan="2">沥青混凝土和沥青碎（砾）石面层</td><td>摩擦系数</td><td rowspan="2">符合设计要求</td><td rowspan="2">—</td><td>摆式仪：每200m测1处；横向力系数测定车：全线连续，按附录K评定</td><td rowspan="2">2</td></tr>
<tr><td>构造深度</td><td>铺砂法：每200m测1处</td></tr>
</table>

三、路面抗滑性能测试方法

路面抗滑性能测试方法有：构造深度测试法（手工铺砂法、电动铺砂法及激光构造仪法）、摆式仪法、横向力系数测试法、制动距离法等。我国现行规范规程规定：采用摆式摩擦系数测定仪测定BPN摆值和构造深度来综合反映路面抗滑性能。

课题二 铺砂法测定路面构造深度

一、任务描述

国道××段工程为新建一级公路，其路面为中粒式沥青混凝土路面，为评定该路面的宏观粗糙度、抗滑性能及路表面的排水性能，现要求测定该路面的构造深度。

二、任务分析

测定路面构造深度的方法，有手工铺砂法、电动铺砂法及激光构造深度仪法。其中最简单易行的方法就是采用手工铺砂法。手工铺砂法的原理是将已知体积的砂摊铺在所要测试路表的测点上，计算嵌入凹凸不平的表面空隙中的砂的体积与覆盖面积的比值即为构造深度。

三、任务实施

1. 仪具与材料

（1）人工铺砂仪：由圆筒、推平板组成（见图6-2）。

①量砂筒即圆筒：如图6-3a）所示。量砂筒一端为封闭的，内径ϕ为20mm，外径ϕ为26mm，总高90mm，容积为25±0.15mL。它可通过称量砂筒中水质量以确定其容积V，并调整其高度，使其容积符合规定要求。

②推平板：如图 6-3b）所示，推平板应为木制或铝制，直径 ϕ 为 50mm，底面粘一层厚 1.5mm的橡胶片，上面有一圆柱把手。

图 6-2　手工铺砂仪实物图

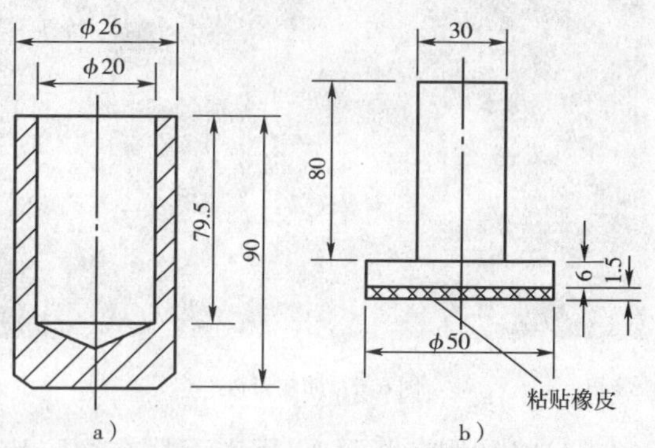

图 6-3　圆筒和推平板示意图（尺寸单位：mm）
a）圆筒；b）推平板

③刮平尺：可用 30cm 钢板尺代替。

（2）量砂：足够数量的干燥洁净匀质砂，粒径为 0.15～0.3mm。如图 6-4 所示。

（3）量尺：钢板尺、钢卷尺或采用已按式（6-1）将直径换算成构造深度作为刻度单位的专用的构造深度尺。

（4）其他：装砂容器（小铲）、扫帚或毛刷、挡风板等。

2. 方法与步骤

1）准备工作

（1）量砂准备：取洁净的细砂晾干、过筛，取 0.15～0.3mm 的砂置适当的容器中备用。量砂只能在路面上使用一次，不宜重复使用。

（2）确定测点：按《公路路基路面现场测试规程》（JTG E60—2008）附录 A（见本教材单元二课题一）的方法对测试路段按随机取样选点的方法，决定测点所在横断面位置。测点应选在行车道的轮迹带上，距路面边缘不应小于 1m。

2）测试步骤

（1）用扫帚或毛刷将测点附近的路面清扫干净，面积不小于 30cm×30cm。

（2）用小铲向圆筒中注满砂（见图 6-5），手提圆筒上方，在硬质路表面上轻轻地叩打 3 次，使砂密实（见图 6-6），补足砂面用钢尺一次刮平（见图 6-7）。

图 6-4　量砂实物图

图 6-5　装砂

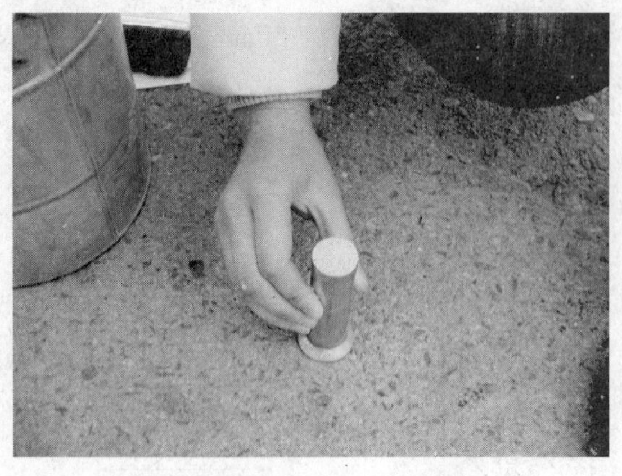

图6-6　叩实量砂

图6-7　刮平量砂

(3)将砂倒在路面上,用底面粘有橡胶片的推平板,由里向外重复作旋转摊铺运动(见图6-8),稍稍用力将砂细心地尽可能地向外摊平,使砂填入凹凸不平的路表面的空隙中,尽可能将砂摊成圆形,并不得在表面上留有浮动余砂(见图6-9),注意摊铺时不可用力过大或向外推挤。

图6-8　摊铺运动

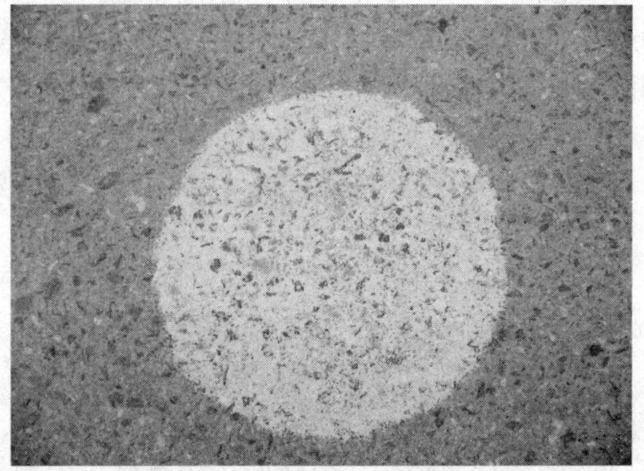

图6-9　量砂摊铺后形成的圆面

(4)用钢板尺测量所构成圆的两个垂直方向的直径,取其平均值,准确至5mm。如图6-10所示。

(5)按以上方法,同一处平行测定不少于3次,3个测定点均位于轮迹带上,测点间距3~5m。对同一处,应该由同一个试验员进行测定。该处的测定位置以中间测点的位置表示。

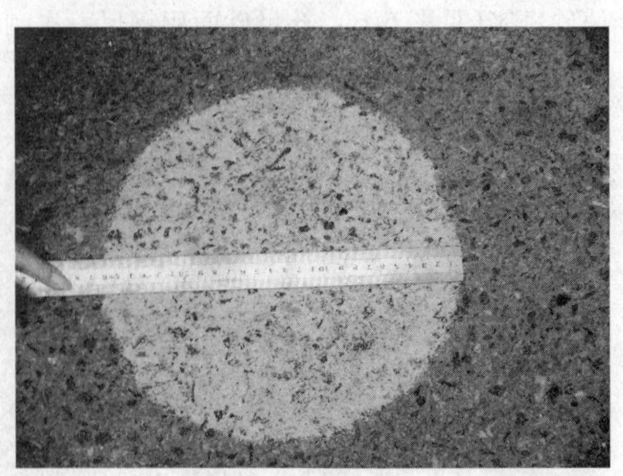

图6-10　测量直径长度

3. 计算

(1)路面表面构造深度测定结果,按式(6-1)计算:

$$TD = \frac{1000V}{\pi D^2/4} = \frac{31831}{D^2} \tag{6-1}$$

式中:TD——路表面的构造深度(mm);

V——砂的体积($25cm^3$);

D——摊平砂的平均直径(mm)。

(2)每一处均取 3 次路面构造深度的测定结果的平均值作为试验结果，准确至 0.01mm。

(3)计算每一个评定区间路面构造深度的平均值、标准差、变异系数。

4. 检验结果处理与评定

(1)列表逐点报告路面构造深度的测定值及 3 次测定的平均值，当平均值 <0.2mm 时，试验结果以 <0.2mm 表示。

(2)计算每一个评定区间路面构造深度的平均值、标准差、变异系数。

(3)路面构造深度检测记录表，如表 6-2 所示。

路面构造深度检测(砂铺法)记录表 表 6-2

项目名称：国道××段工程 施工单位：××公路工程公司

<table>
<tr><td>路面结构型式</td><td colspan="6">中粒式沥青混凝土路面</td><td colspan="4">构造深度 $TD = 31831/D^2$</td></tr>
<tr><td rowspan="2">测点位置或桩号</td><td colspan="3">圆直径 D(mm)</td><td colspan="3">构造深度 TD(mm)</td><td colspan="2" rowspan="2">平均构造深度(mm)</td><td rowspan="2">备注</td></tr>
<tr><td>1</td><td>2</td><td>3</td><td>1</td><td>2</td><td>3</td></tr>
<tr><td>K0+290～+490</td><td>200</td><td>205</td><td>195</td><td>0.80</td><td>0.76</td><td>0.84</td><td colspan="2">0.80</td><td rowspan="3">匝道 2</td></tr>
<tr><td>K0+490～+690</td><td>210</td><td>195</td><td>205</td><td>0.72</td><td>0.84</td><td>0.76</td><td colspan="2">0.77</td></tr>
<tr><td>K0+690～+890</td><td>200</td><td>195</td><td>210</td><td>0.80</td><td>0.84</td><td>0.72</td><td colspan="2">0.79</td></tr>
<tr><td>测点数</td><td>3</td><td>规定值</td><td>0.50</td><td>标准差</td><td>0.02</td><td>变异系数(%)</td><td>2.5</td><td>合格率(%)</td><td>100</td></tr>
</table>

检测： 年 月 日 校核： 年 月 日

四、注意事项

(1)量砂只能在路面上使用一次，不宜重复使用。回收砂禁止使用。

(2)向量筒中装砂(见图 6-5)时必须用小铲装，不可直接用量筒装砂，以免影响量砂密度的均匀性。

(3)铺砂时不可用力过大或向外推挤，尽可能将砂摊成圆形，并不得在表面上留有浮动余砂。

课题三 摆式仪测定路面抗滑值

一、任务描述

国道××段工程为新建一级公路，其路面为中粒式沥青混凝土路面。为评定该路面在潮湿状态下的抗滑能力，现要求测定该路面的抗滑摆值。

二、任务分析

要评定路面在潮湿状态下的抗滑能力，可以采用制动距离法、偏转轮拖车法(横向力系数测试)及摆式仪法。其中最简单易行的方法，就是采用摆式仪法测定路面的抗滑摆值来评定路面在潮湿状态下的抗滑能力。摆式仪法的原理，是将底面装有一橡胶滑块的摆锤从一定高度自由下摆，滑块面同测试点表面接触，由于两者间的摩阻而损耗部分能量，使摆锤只能回到一定高度，摆值越大说明回摆高度越小，则反映出路表面的摩阻力越大。

三、任务实施

1. 仪具与材料

(1)摆式仪:形状如图 6-11 所示;结构如图 6-12 所示。摆及摆的连接部分总质量为 1500 ±30g,摆动中心至摆的重心距离为 410mm ±5mm,测定时摆在路面上的滑动长度为 126 ±1mm,摆上橡胶片端部距摆动中心的距离为 510mm,橡胶片对路面的正向静压力为 22.2 ±0.5N。

图 6-11 摆式仪实物图

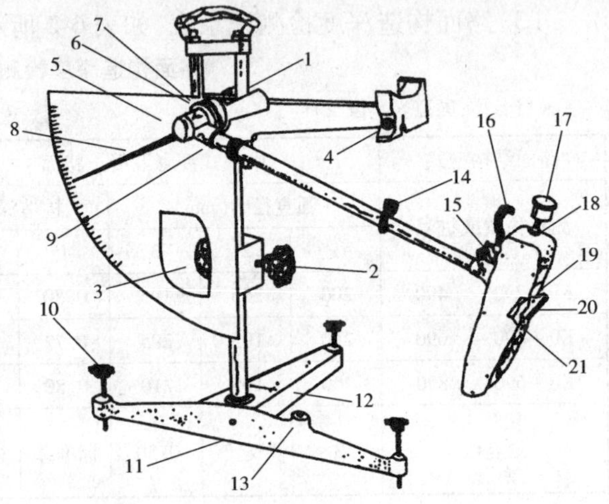

图 6-12 摆式仪结构图

1、2-紧固把手;3-升降把手;4-释放开关;5-转向节螺盖;6-调节螺母;7-针簧片或毡垫;8-指针;9-连接螺母;10-调平螺栓;11-底座;12-垫块;13-水准泡;14-卡环;15-定位螺钉;16-举升柄;17-平衡锤;18-并紧螺母;19-滑溜块;20-橡胶片;21-止滑螺钉

(2)橡胶片:它用于测定路面抗滑值时,其尺寸为 6.35mm ×25.4mm ×76.2mm,橡胶质量应符合表 6-3 的质量要求。当橡胶片使用后,端部在长度方向上磨损超过 1.6mm 或边缘在宽度方向上磨耗超过 3.2mm,或有油类污染时,即应更换新橡胶片。新橡胶片应在干燥路面上测试 10 次后再用于测试。橡胶片的有效使用期从出厂日期起算为 12 个月。

(3)滑动长度量尺:长 126mm。如图 6-13 所示。

(4)喷水壶。

(5)硬毛刷。

(6)路面温度计:分度不大于 1℃。

(7)其他:皮尺或钢卷尺、扫帚、粉笔等。

2. 方法与步骤

1)准备工作

(1)检查摆式仪的调零灵敏情况,并定期进行仪器标定。

(2)按《公路路基路面现场测试规程》(JTG E60—2008)附录 A(见本教材单元二课题一)的方法,进行测试路段的取样选点。在横断面上测点应选在行车道轮迹处,且距路面边缘应不小于 1m。

图 6-13 滑动长度量尺实物图

橡胶物理性质技术要求　　　表6-3

性质指标	温　度(℃)				
	0	10	20	30	40
弹性(%)	43~49	58~65	66~73	71~77	74~79
硬度	55±5				

2)测试步骤

(1)清洁路面:用扫帚或其他工具将测点处的路面打扫干净。

(2)仪器调平:

①将仪器置于路面测点上,并使摆的摆动方向与行车方向一致。如图6-14所示。

②转动底座上的调平螺栓,使水准泡居中。如图6-15所示。

图6-14　仪器放置

图6-15　仪器调平

(3)调零:

①放松紧固把手,转动升降把手,使摆升高并能自由摆动,然后旋紧紧固把手。

②将摆固定在右侧悬臂上,使摆处于水平释放位置,并把指针拨至右端与摆杆平行处。如图6-16所示。

③按下释放开关,使摆向左带动指针摆动,当摆达到最高位置后下落时,用手将摆杆接住,此时指针应指零。若不指向零时,可稍旋紧或放松摆的调节螺母,重复本项操作,直至指针指零(见图6-17)。调零允许误差为±1BPN。

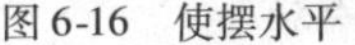

图6-16　使摆水平

图6-17　指针指零

(4) 校核滑动长度：

①让摆处于自然下垂状态，松开固定把手，转动升降把手，使摆下降。与此同时，提起举升柄使摆向左侧移动，然后放下举升柄使橡胶片下缘轻轻触地，紧靠橡胶片摆放滑动长度量尺，使量尺左端对准橡胶片下缘；再提起举升柄使摆向右侧移动，然后放下举升柄使橡胶片下缘轻轻触地，检查橡胶片下缘应与滑动长度量尺的右端齐平。

②若齐平，则说明橡胶片两次触地的距离（滑动长度）符合 126mm 的规定。校核滑动长度时，应以橡胶片长边刚刚接触路面为准，不可借摆的力量向前滑动，以免标定的滑动长度与实际不符。

③若不齐平，升高或降低摆或仪器底座的高度。微调时用旋转仪器底座上的调平螺丝调整仪器底座的高度的方法比较方便，但需注意保持水准泡居中。

④重复上述③动作，直至滑动长度符合 126mm 的规定（见图 6-18）。

图 6-18　校核滑动长度

(5)将摆固定在右侧悬臂上，使摆处于水平释放位置，并把指针拨至右端与摆杆平行处。

(6)用喷水壶浇洒测点，使路面处于湿润状态。

(7)按下释放开关，使摆在路面上滑过，当摆杆回落时，用手接住摆，指针即可指示出路面的摆值。但第一次测定，不做记录。然后使摆杆和指针重新置于水平释放位置。如图 6-19 所示。

(8)重复(6)和(7)的操作测定 5 次，并读记每次测定的摆值（见图 6-20）。5 次数值中最大值与最小值的差值不得 >3。如差值 >3 时，应检查产生的原因，并再次重复上述各项操作，至符合规定为止。取 5 次测定的平均值作为每个单点的路面抗滑值（即摆值 BPN_t），取整数。

图 6-19　首次试测

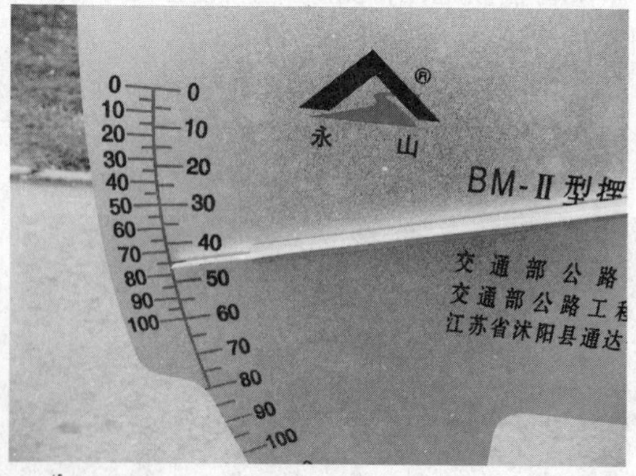

图 6-20　读数

(9)在测点位置上用温度计测记潮湿路表温度，准确至 1℃。

(10)每个测点由 3 个单点组成，即需按以上方法在同一测点处平行测定 3 次，以 3 次测定结果的平均值作为该测点的代表值（精确到 1）。3 个单点均应位于轮迹带上，单点间距 3 ~ 5m。该测点的位置以中间单点的位置表示。

3. 抗滑值的温度修正

当路面温度为 t(℃)时测得的摆值为 BPN_t,必须按式(6-2)换算成标准温度 20℃ 的摆值 BPN_{20}:

$$BPN_{20} = BPN_t + \triangle BPN \tag{6-2}$$

式中:BPN_{20}——换算成标准温度 20℃时的摆值;

BPN_t——路面温度 t 时测得的摆值;

$\triangle BPN$——温度修正值,按表 6-4 采用。

温 度 修 正 值 表 6-4

温度 t(℃)	0	5	10	15	20	25	30	35	40
温度修正值△BPN	-6	-4	-3	-1	0	+2	+3	+5	+7

4. 报告

(1)路面单点测定值 BPN_t 经温度修正后的 BPN_{20}、现场温度、3 次的平均值。

(2)评定路段路面抗滑值的平均值、标准差、变异系数(见表 6-5)。

路面摩擦系数检测记录表 表 6-5

工程名称:国道××段工程　　施工单位:××公路工程公司　　路面类型:中粒式沥青混凝土路面

测点位置	摆值 BPN_t						温 度 修 正			结 果	
	1	2	3	4	5	平均	路面温度 t (℃)	修正值 △BPN	抗滑值 BPN_{20}	平均抗滑值 BPN_{20}	备注
K0+390	46	46	45	47	46	46	25	+2	48	49	
	47	46	48	48	46	47	25	+2	49		
	47	48	46	46	46	47	25	+2	49		
K0+590	45	47	45	44	46	45	25	+2	47	48	
	48	47	47	46	46	47	25	+2	49		
	47	48	46	46	46	47	25	+2	49		
K0+790	47	47	46	45	46	46	25	+2	48	48	
	45	47	46	47	46	46	25	+2	48		
	48	47	46	47	46	47	25	+2	49		
测点数	3	规定值 (BPN)		45	标准差		0.577	变异系数 (%)	1.19	合格率(%)	100

检测:　　　年　月　日　　　　校核:　　　年　月　日

四、注意事项

(1)测点位置宜紧靠铺砂法测定构造深度的测点位置,并与其一一对应。

(2)当摆达到最高位置后下落时,应用左手将摆杆接住,防止仪器损坏。

(3)抗滑摆值测试完毕后应在测点位置上用路表温度计测记潮湿路面的温度,准确至 1℃。

(4)摆式仪应加强日常保养,拧紧各紧固螺丝,以保证摆式仪结构处于稳固状态。

复习思考题

1. 什么叫路面抗滑性能、路面的微观构造、路面的宏观构造?
2. 影响路面抗滑性能的因素有哪些?
3. 构造深度反映路面的什么特性?
4. 路面在潮湿状态下的抗滑能力用什么指标评定?
5. 在摆式仪测定路面摆值与手工铺砂法测定路面构造深度两个试验中,测点怎么选取?
6. 简述手工铺砂法测定路面构造深度的步骤及注意事项。
7. 简述用摆式仪测定路面抗滑摆值的测试步骤及注意事项。
8. 在手工铺砂法中,为什么向量筒中装砂时必须用小铲装,不可直接用量筒装?
9. 在摆式仪测定路面抗滑值试验中,橡胶片在测点路面的滑动长度如何影响测试结果?

单元七　路基路面回弹弯沉检测

知识点：

1. 弯沉的概念；
2. 贝克曼梁法测定路基路面回弹弯沉的测试步骤。

技能点：

1. 会采用贝克曼梁法进行回弹弯沉测试；
2. 会对回弹弯沉值进行修正；
3. 会进行回弹弯沉的评定。

课题一　概　述

弯沉是反映路基路面整体抗压强度的一个综合指标，国内外普遍采用回弹弯沉值来表示路基路面的承载能力。在同一荷载作用下，路面的弯沉值大，说明路面抵抗垂直变形能力小，即强度低；反之，路面的弯沉值小，说明路面抵抗垂直变形的能力大，即强度高。回弹弯沉值在我国已广泛使用且有很多试验和研究成果。目前，我国柔性路面设计方法采用的设计指标之一是路表回弹弯沉，并规定双轮轮隙中心处路面表面最大回弹弯沉 L_t，应不大于容许回弹弯沉值 L_R，即 $L_t \leqslant L_R$。同时，回弹弯沉值不仅用于新建路面结构的设计（设计弯沉值）和施工控制与验收（竣工验收弯沉值），也用于旧路补强设计。

一、关于弯沉值的几个基本概念

1. 弯沉

弯沉值是指在规定的标准轴载作用下，路基路面表面轮隙中心处产生的总垂直变形（总弯沉），或垂直变形回弹量（回弹弯沉），以 0.01mm 为单位。总弯沉值与回弹弯沉值之差，称为残余弯沉。一般总弯沉比回弹弯沉大，表明路面除了产生弹性变形外，还产生塑性变形。若总弯沉等于回弹弯沉，表明路面是完全弹性体。路面弯沉，如图 7-1 所示。

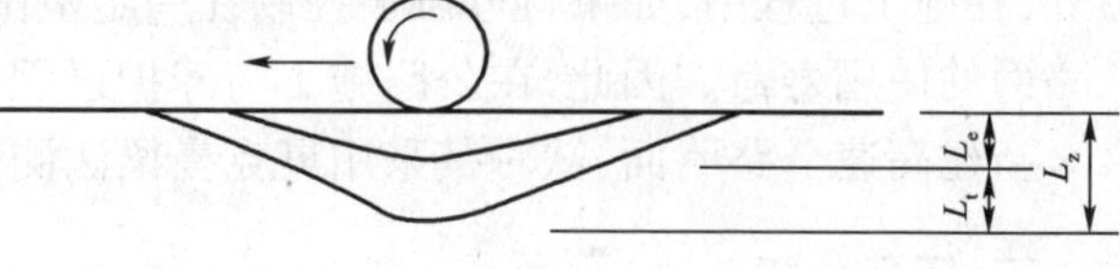

图 7-1　路面弯沉示意图

L_t-回弹弯沉；L_e-残余弯沉；L_z-总弯沉

2. 设计弯沉值

设计弯沉值是指根据设计年限内一个车道上预测通过的累计当量轴次 N_e、公路等级 A_c、面层类型系数 A_s 和基层类型系数 A_b 而确定的路面弯沉设计值 L_d。

$$L_d = 600N_e^{-0.2}A_cA_bA_s$$

3. 竣工验收弯沉值

竣工验收弯沉值，是检验路面是否达到设计要求的指标之一。当路面厚度计算以设计弯沉值为控制指标时，则验收弯沉值小于或等于设计弯沉值；当厚度计算以层底拉应力为控制指标时，应根据拉应力计算所得的结构厚度，重新计算路面弯沉值，该弯沉值即为竣工验收弯沉值。

二、弯沉测量的目的

弯沉测量的目的:一是利用弯沉仪量测路面表面在标准轴载作用下的轮隙回弹弯沉值,用作评定路面强度的指标;二是通过对路面结构分层测定所得的回弹弯沉值,根据弹性体系垂直位移理论,反算路面各结构层的材料回弹模量值。

三、弯沉值的测定方法

弯沉值的测定方法较多,目前用得最多的是贝克曼梁法,在我国已有成熟的经验。为了提高测量精度和解决弯沉测定时支座位移的问题,前苏联、瑞士、法国研制了光学弯沉仪,它的特点是把测点与读数装置分开,消除了支座位移的影响。另外,为了提高测试速度,各国都对快速连续或动态测定进行了研究,并发明了许多新的检测仪器,主要代表有法国的洛克鲁瓦式自动弯沉仪、丹麦的落锤式弯沉仪以及美国的振动弯沉仪等。现将常用的几种测定方法各自的特点作简单的比较,如表 7-1 所示。

几种弯沉值测定方法比较 表 7-1

方 法	特 点
贝克曼梁法	即传统方法,其速度慢,静态测定,比较成熟,目前属于标准方法
自动弯沉仪法	利用贝克曼梁原理快速连续测定,属于静态测定范畴,但测定的是总弯沉,因此使用时应用贝克曼梁进行标定换算
落锤式弯沉仪法	利用重锤自由落下的瞬间产生的冲击荷载测定弯沉,属于动态弯沉,并能反算路面的回弹模量,快速连续,使用时应用贝克曼梁法进行标定换算

课题二 贝克曼梁测定路基路面回弹弯沉

一、任务描述

弯沉值不仅能反映路面的强度,同时也能在某种程度上表示路面的耐久性。实践表明,路面的某些破坏现象同弯沉值有着直接联系,通常我们以回弹弯沉的大小来评定路面的好坏。另外,在施工过程中,如果将弯沉值控制在一定范围内,就可以避免路面产生某些破坏,从而延长路面的使用寿命。因此,在公路施工与养护过程中,弯沉值也是一项主要的控制指标。现有××新建高速公路路面,欲对其采用贝克曼梁法测定其回弹弯沉。

二、任务分析

为了完成回弹弯沉的测试,可以把弯沉仪测头置于测试车后轮轮隙中心前方 3 ~ 5cm 处,安装百分表于弯沉仪的测定杆上。当车轮正好通过测点时,路面在车轮荷载作用下产生垂直变形,百分表达到最大读数,随着汽车继续前进表针回转,当车轮荷载卸除后,路面向上回弹结束,百分表达到终读数。其回弹变形值便为回弹弯沉值。路面弯沉测量如图 7-2 所示。

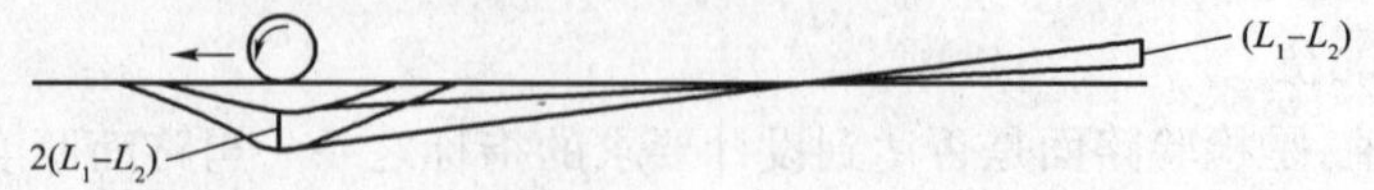

图 7-2 路面弯沉测量示意图

贝克曼梁法适用于测定各类路基路面的回弹弯沉，用以评定其整体承载能力，可供路面结构设计使用。

本方法按《公路路基路面现场测试规程》(JTG E60—2008)进行。

三、任务实施

1. 仪具与材料

(1)标准车：双轴、后轴双侧4轮的载重车。其标准轴荷载、轮胎尺寸、轮胎间隙及轮胎气压等主要参数应符合表7-2的要求。测试车应采用后轴10t标准轴载BZZ-100的汽车。测试车如图7-3所示。

测定弯沉用的标准车参数　　表7-2

标准轴载等级	BZZ-100
后轴标准轴载 P(kN)	100 ± 1
一侧双轮荷载(kN)	50 ± 0.5
轮胎充气压力(MPa)	0.70 ± 0.05
单轮传压面当量圆直径(cm)	21.30 ± 0.5
轮隙宽度	应满足能自由插入弯沉仪测头的测试要求

(2)路面弯沉仪：由贝克曼梁、百分表及表架组成，如图7-4、图7-5所示。

图7-3　弯沉测试车

图7-4　路面弯沉仪

图7-5　路面弯沉仪构造图

贝克曼梁由铝合金制成，上有水准泡，其前臂(接触路面)与后臂(装百分表)长度比2∶1。弯沉仪长度有两种：一种弯沉仪的长度为3.6m，前后臂长度分别为2.4m和1.2m；另一种加长的弯沉仪，其长度为5.4m，前后臂长度分别为3.6m和1.8m。当在半刚性基层沥青路面或水泥混凝土路面上测定时，宜采用长度为5.4m的贝克曼梁弯沉仪；对柔性基层或混合式结构沥青路面，可采用长度为3.6m的贝克曼梁弯沉仪测定。弯沉采用百分表量得，也可用自动记录装置进行测量。

(3)接触式路表温度计:端部为平头,分度不大于1℃。

(4)其他:皮尺、口哨、白油漆或粉笔、指挥旗等。

2. 方法与步骤

1)准备工作

(1)检查并保持测定用标准车的车况及制动性能良好、轮胎胎压符合规定充气压力。

(2)向汽车车槽中装载铁块或集料,并用地中衡称量后轴总质量及单侧轮荷载,均应符合要求的轴重规定。汽车行驶及测定过程中,轴重不得变化。

(3)测定轮胎接地面积:在平整光滑的硬质路面上用千斤顶将汽车后轴顶起,在轮胎下方铺一张新的复写纸和一张方格纸,轻轻落下千斤顶,即在方格纸印上轮胎印痕,用求积仪或数方格的方法测算轮胎接地面积,准确至0.1cm^2。

(4)检验弯沉仪百分表量测灵敏情况。

(5)当在沥青路面上测定时,用路表温度计测定试验时气温及路表温度(一天中气温不断变化,应随时测定),并通过气象台了解前5d的平均气温(日最高气温与最低气温的平均值)。

(6)记录沥青路面修建或改建材料、结构、厚度、施工及养护等情况。

2)测试步骤

(1)在测试路段布置测点,其距离随测试需要而定。每一双车道评定路段每公里检查80~100个点;多车道公路必须按车道数与双车道之比,相应增加测点。测点应在路面行车车道的轮迹带上,并用白漆或粉笔画上标记。

(2)将试验车后轮轮隙对准测点后约3~5cm处的位置上。

(3)将弯沉仪插入汽车后轮之间的缝隙处,与汽车方向一致,梁臂不得碰到轮胎,弯沉仪测头置于测点上(轮隙中心前方3~5cm处),如图7-6所示。并安装百分表于弯沉仪的测定杆上,百分表调零,用手指轻轻扣打弯沉仪,检查百分表是否稳定回零,如图7-7所示。

弯沉仪可以是单侧测定,也可以是双侧同时测定。

图7-6 弯沉仪置于测点上

(4)测定者吹哨发令指挥汽车缓缓前进,百分表随路面变形的增加而持续向前转动。当表针转动到最大值时,迅速读取初读数L_1。汽车仍在继续前进,表针反向回转,待汽车驶出弯沉影响半径(约3m以上)后,吹口哨或挥动指挥旗,汽车停止。待表针回转稳定后,再次读取终读数L_2。汽车前进的速度宜为5km/h左右。贝克曼梁测定路面回弹弯沉,如图7-8所示。

3)弯沉仪的支点变形修正

(1)当采用长度为3.6m的弯沉仪进行弯沉测定时,有可能引起弯沉仪支座处变形,在测定时应检验支点有无变形。如有变形,此时应用另一台检验用的弯沉仪安装在测定用弯沉仪后方,其测点架于测定用弯沉仪的支点旁。当汽车开出时,同时测定两台弯沉仪的弯沉读数,如检验弯沉仪百分表有读数,即应该记录并进行支点变形修正。当在同一结构层测定时,可在不同位置测定5次,求取平均值,以后每次测定时以此作为修正值。弯沉仪支点变形修正的原理,如图7-9所示。

(2)当采用长度为5.4m的弯沉仪测定时,可不进行支点变形修正。

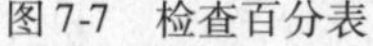

图 7-7　检查百分表

图 7-8　贝克曼梁测定路面回弹弯沉

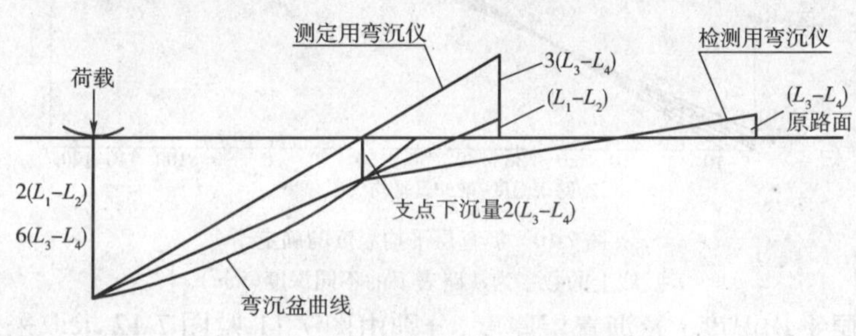

图 7-9　弯沉仪支点变形修正原理

3. 结果计算及温度修正

(1)路面测点的回弹弯沉值,按式(7-1)计算:

$$L_t = (L_1 - L_2) \times 2 \tag{7-1}$$

式中:L_t——在路面温度 t 时的回弹弯沉值(0.01mm);

L_1——车轮中心临近弯沉仪测头时百分表的最大读数(0.01mm);

L_2——汽车驶出弯沉影响半径后百分表的终读数(0.01mm)。

(2)当需进行弯沉仪支点变形修正时,路面测点的回弹弯沉值按式(7-2)计算(适用于测定用弯沉仪支座处有变形,但百分表架处路面无变形的情况):

$$L_t = (L_1 - L_2) \times 2 + (L_3 - L_4) \times 6 \tag{7-2}$$

式中:L_1——车轮中心临近弯沉仪测头时测定弯沉仪的最大读数(0.01mm);

L_2——汽车驶出弯沉影响半径后测定用弯沉仪的最终读数(0.01mm);

L_3——车轮中心临近弯沉仪测头时检测用弯沉仪的最大读数(0.01mm);

L_4——汽车驶出弯沉影响半径后检验用弯沉仪的最终读数(0.01mm)。

(3)回弹弯沉值的温度修正:

对于沥青路面,路表温度对弯沉值有明显影响,测试时以沥青面层平均温度20℃时为准。在其他温度时,当温度高于20℃,沥青面层强度和刚度降低,弯沉值会增大;相反当温度低于20℃时,沥青面层强度和刚度增大,弯沉值会减小。所以,对于路表温度不在20℃,且厚度>5cm的情况,其测试结果要相应地乘以一个系数,即温度修正系数 K。温度修正及回弹弯沉的计算按下列步骤进行。

①测定时的沥青层平均温度按式(7-3)计算:

$$t = (t_{25} + t_m + t_e)/3 \tag{7-3}$$

式中：t——测定时沥青层平均温度(℃)；

t_{25}—— 根据 T_0 由图 7-10 决定的路表下 25mm 处的温度(℃)；

t_m—— 根据 T_0 由图 7-10 决定的沥青层中间深度的温度(℃)；

t_e—— 根据 T_0 由图 7-10 决定的沥青层底面处的温度(℃)。

图 7-10 中 T_0 为测定时路表温度与测定前 5d 日平均气温的平均值之和(℃)，日平均气温为日最高气温与最低气温的平均值。

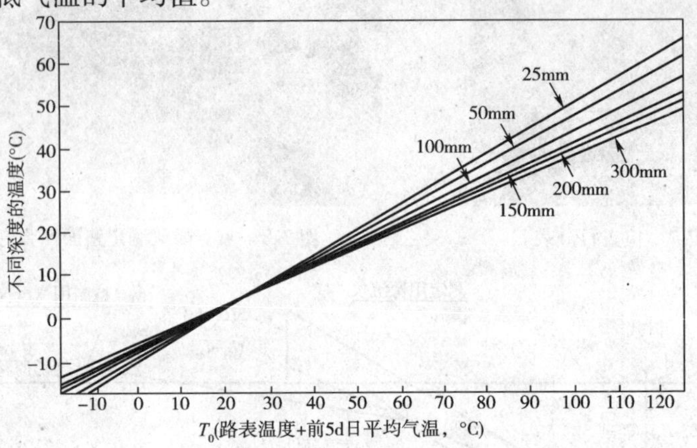

图 7-10　沥青层平均温度的确定

注：线上的数字为从路表下的不同深度(mm)。

②根据沥青层平均温度 t 及沥青层厚度，分别由图 7-11 及图 7-12 求取采用不同基层的沥青路面弯沉值的温度修正系数 K。

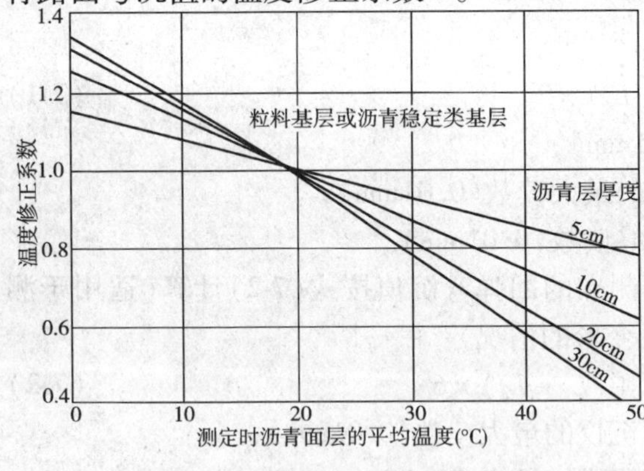

图 7-11　路面弯沉温度修正系数曲线

(适用于粒料基层及沥青稳定基层)

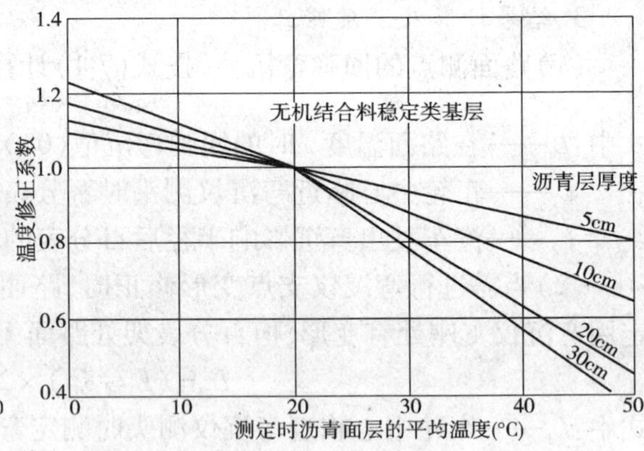

图 7-12　路面弯沉温度修正系数曲线

(适用于无机结合料稳定的半刚性基层)

③沥青路面回弹弯沉，按式(7-4)计算：

$$L_{20} = L_t \times K \tag{7-4}$$

式中：K——温度修正系数；

L_{20}——换算为 20℃ 的沥青路面回弹弯沉值(0.01mm)；

L_t——测定时沥青面层内平均温度为 t 时的回弹弯沉值(0.01mm)。

4. 评定路段弯沉值的测定

(1)每一评定路段弯沉代表值为弯沉测量值的上波动界限，按式(7-5)计算：

$$L_r = \overline{L} + Z_a \cdot S \tag{7-5}$$

式中：L_r——一个评定路段的代表弯沉(0.01mm)；

$\overline{L}$——一个评定路段内经各项修正后的各测点弯沉的平均值(0.01mm)；

S——一个评定路段内经各项修正后全部测点弯沉的标准差(0.01mm)；

Z_a——与保证率有关的系数(见表7-3)。

Z_a 值　　表7-3

层　位	Z_a	
	高速公路、一级公路	二、三级公路
沥青路面	1.645	1.5
路基	2.0	1.645

(2)当路基和柔性基层、底基层的弯沉代表值不符合要求时,应将超出 $\overline{L}\pm(2\sim3)S$ 的弯沉特异值舍弃,重新计算平均值和标准差。对舍弃的弯沉值大于 $\overline{L}\pm(2\sim3)S$ 的点,应找出其周围界限,进行局部处理。若用两台弯沉仪同时进行左右轮弯沉值测定时,应按两个独立测点计,不能采用左右两点的平均值。若在非不利季节测定时,应考虑季节影响系数。

(3)对于每一评定路段,要求弯沉代表值小于等于弯沉设计值,弯沉设计值由设计文件提供。若弯沉代表值小于等于弯沉设计值,则该路段此项内容评定合格;若弯沉代表值大于弯沉设计值,则该路段弯沉不合格,需采取措施对路面进行补强。

5.检测结果

(1)计算每一评定路段的各测点弯沉的平均值、标准差及代表弯沉。

(2)弯沉检测记录,如表7-4所示。

四、注意事项

(1)检测车辆轴载、轮胎接地面积、轮胎间隙及轮胎气压,应符合规范要求。测试车车况及刹车性能应良好,百分表应灵敏。

(2)梁臂不得碰到轮胎。

(3)测点应在轮隙中心前方3~5cm处。测试前应轻轻叩打弯沉仪,检查百分表是否稳定回零。

(4)终读数应在车辆驶出弯沉影响半径后再读数。

(5)在测试过程中应随时测记路表温度,当路表温度不在规定范围内时,对厚度>5cm的沥青路面应进行温度修正。

贝克曼梁测定回弹弯沉检测记录　　表7-4

<table>
<tr><td>工程名称</td><td colspan="10">××高速公路</td></tr>
<tr><td>检测日期</td><td colspan="4">2008.11.09</td><td colspan="2">检测依据</td><td colspan="4">JTG E60—2008</td></tr>
<tr><td>路段桩号</td><td colspan="2">K3+310~K3+590</td><td colspan="2">后轴重</td><td colspan="2">100 kN</td><td colspan="2">舍弃系数</td><td colspan="2"></td></tr>
<tr><td>结构层类型</td><td colspan="6">沥青混凝土面层厚15cm,基层为二灰碎石</td><td colspan="2">轮胎压强</td><td colspan="2">0.7 MPa</td></tr>
<tr><td>测试车车型</td><td colspan="2">东风BZZ—100</td><td colspan="2">弯沉仪类型</td><td colspan="2">5.4m弯沉仪</td><td colspan="2">保证率系数</td><td colspan="2">1.645</td></tr>
<tr><td>幅　别</td><td colspan="2">右幅</td><td colspan="2">设计弯沉</td><td colspan="2">35(0.01mm)</td><td colspan="2">前5d平均气温</td><td colspan="2">23.2 ℃</td></tr>
<tr><td rowspan="3">测点桩号</td><td rowspan="3">路表温度(℃)</td><td rowspan="3">温度修正系数</td><td colspan="4">左车轮</td><td colspan="4">右车轮</td></tr>
<tr><td rowspan="2">初读数 0.01mm</td><td rowspan="2">终读数 0.01mm</td><td colspan="2">弯沉(0.01mm)</td><td rowspan="2">初读数 0.01mm</td><td rowspan="2">终读数 0.01mm</td><td colspan="2">弯沉(0.01mm)</td></tr>
<tr><td>修正前</td><td>修正后</td><td>修正前</td><td>修正后</td></tr>
<tr><td>K3+310</td><td>25</td><td>1.02</td><td>27</td><td>12</td><td>30</td><td>30.6</td><td>57</td><td>41</td><td>32</td><td>32.6</td></tr>
<tr><td>K3+330</td><td>25</td><td>1.02</td><td>24</td><td>10</td><td>28</td><td>28.6</td><td>37</td><td>25</td><td>24</td><td>24.5</td></tr>
<tr><td>K3+350</td><td>25</td><td>1.02</td><td>29</td><td>13</td><td>32</td><td>32.6</td><td>38</td><td>24</td><td>28</td><td>28.6</td></tr>
<tr><td>K3+370</td><td>25</td><td>1.02</td><td>29</td><td>15</td><td>28</td><td>28.6</td><td>46</td><td>31</td><td>30</td><td>30.6</td></tr>
</table>

续上表

工程名称	××高速公路									
检测日期	2008.11.09				检测依据		JTG E60—2008			
路段桩号	K3+310~K3+590		后轴重		100 kN		舍弃系数			
结构层类型	沥青混凝土面层厚15cm,基层为二灰碎石						轮胎压强		0.7 MPa	
测试车车型	东风BZZ—100		弯沉仪类型		5.4m弯沉仪		保证率系数		1.645	
幅 别	右幅		设计弯沉		35(0.01mm)		前5d平均气温		23.2 ℃	
测点桩号	路表温度(℃)	温度修正系数	左车轮				右车轮			
			初读数 0.01mm	终读数 0.01mm	弯沉(0.01mm) 修正前	弯沉(0.01mm) 修正后	初读数 0.01mm	终读数 0.01mm	弯沉(0.01mm) 修正前	弯沉(0.01mm) 修正后
K3+390	25	1.02	35	18	34	34.7	52	39	26	26.5
K3+410	25	1.02	23	8	30	30.6	65	50	30	30.6
K3+430	25	1.02	30	14	32	32.6	47	33	28	28.6
K3+450	25	1.02	32	20	24	24.5	53	37	32	32.6
K3+470	25	1.02	37	22	30	30.6	68	51	34	34.7
K3+490	25	1.02	29	16	26	26.5	29	13	28	28.6
K3+510	25	1.02	35	21	28	28.6	95	79	32	32.6
K3+530	25	1.02	52	40	24	24.5	87	73	28	28.6
K3+550	25	1.02	46	33	26	26.5	94	79	30	30.6
K3+570	25	1.02	65	51	28	28.6	67	52	30	30.6
K3+590	25	1.02	58	42	32	33.6	89	75	28	28.6
测点数	30	平均值(0.01mm)		29.7	标准差(0.01mm)		2.85	代表弯沉值(0.01mm)		34.4
结论:经计算代表弯沉值 L_r=34.4(0.01mm),小于设计弯沉 L_d=35(0.01mm),即 $L_r < L_d$,所以该路段的弯沉值满足要求										
备注:										

检测: 年 月 日 校核: 年 月 日

复习思考题

1. 测试路基路面弯沉值常用的方法有哪几种?各测试方法有何特点?

2. 试述贝克曼梁法测定路基路面弯沉的主要过程及注意事项。

3. 在什么情况下应对弯沉检测值进行修正?

单元八　水泥混凝土的质量检测

知识点：

1. 无损检测法检测混凝土强度的特点和意义；
2. 回弹法检测混凝土抗压强度的原理。

技能点：

1. 能用回弹法检测结构混凝土抗压强度；
2. 能测定结构混凝土碳化深度；
3. 能对结构混凝土回弹法检测数据进行计算处理。

课题一　概　　述

混凝土是交通工程中主要的建筑材料之一。混凝土的质量将直接影响到工程实体的质量，所以，加强对混凝土质量的检测和控制显得尤为重要。作为结构工程质量检测，其中主要的内容之一就是现场检测混凝土的强度。

混凝土的测强技术按其对混凝土结构的影响程度，分为部分破损法和无损检测法。

1. 部分破损法

部分破损法以不影响结构或构件的承载能力为前提，在结构或构件上直接进行局部破坏性试验，或直接钻取芯样进行破坏性试验。其主要方法有：钻芯法、拔出法、射击法等。此类方法较直观可靠，测试结果易为人们接受，但对混凝土结构造成局部破坏，不宜大范围检测且费用较高，因而受到种种限制。

钻芯法是利用专用钻机，从混凝土结构中钻取芯样以检测混凝土强度或观察混凝土内部质量的一种方法。钻芯法检测混凝土强度有直观准确的优点，但其缺点是对构件的损伤较大，除非其他检测方法存在较大差异时，一般应较少使用。

2. 无损检测法

无损检测法以混凝土强度与某些物理量之间的相关性为基础，检测时在不影响结构或构件混凝土任何性能的前提下测试这些物理量；然后根据相关关系推算被测混凝土的强度推定值。其主要方法有：回弹法、超声法、超声回弹综合法、射线法、成熟度法等。此类方法所用仪器简单、操作方便、费用低廉，同时便于大范围检测，在有严格的测强曲线的条件下，其测试精度较高。

当对混凝土试件的代表性有怀疑或需要确定混凝土工程的强度时，必须直接在混凝土结构物上运用无损检测法测定混凝土的实际强度，有以下几种情况需要采用无破损测强技术：

（1）由于施工控制不严或施工过程中某种意外事故可能影响混凝土的质量，以及发现预留试块的取样、制作、养护、强度试验不符合有关技术规程或标准规定条款，怀疑预留试件强度不能代表结构混凝土的实际强度时，应采用无损检测方法检测和推定混凝土强度作为结构混凝土合格性评定及验收依据。

（2）当需要了解混凝土在施工期间的强度增长情况，以满足结构或构件的拆模、出养护池、出厂、吊装、预应力筋的张拉或放张，以及施工期间负荷对混凝土强度的要求时，可运用无损检测方法连续检测结构混凝土强度的发展，以便及时调整施工进程。在确保质量的前提下加快施工进度，加快场地周转，降低能耗。同时，也可以用无损测强作为施工过程中质量监控的重要手段，以便迅速反馈给下一道工序，及时调整工艺参数。

(3)对已建成结构需要进行维修、加层、拆除等决策时，或受灾害性因素影响时，可采用无损检测方法对原有混凝土进行强度推定，以便提供改建、加固设计时的基本强度参数和其他设计依据。

本教材仅介绍回弹法。回弹法在我国使用已五十余年，随着检测技术不断成熟，已得到越来越广泛应用，这不仅是因为回弹法简便、灵活、符合国情，更是由于我国已成功解决了回弹法使用精度不高和不能普遍推广的关键问题。

课题二　回弹法测定水泥混凝土抗压强度

一、任务描述

某 K292 +450 跨线桥 3 号板梁浇筑时采用泵送混凝土，设计混凝土强度等级为 C30，自然养护，龄期为 40d，其试件的 28d 抗压强度达不到要求，经分析板梁混凝土浇筑、养护情况正常，怀疑是预留试件强度不能代表结构混凝土的实际强度，现决定采用回弹法检测板梁抗压强度。

二、任务分析

回弹法是用一弹簧驱动的重锤，通过弹击杆，弹击混凝土表面，并测出重锤被反弹回来的距离，以回弹值作为与强度相关的指标来推定混凝土强度的一种方法。由于测量是在混凝土表面进行，所以属于表面硬度法的一种。

完成回弹法任务，首先要对回弹仪进行率定；其次是做好选择构件、布置测区等准备工作，并按仪器说明书和规范所列步骤实施回弹值的测定；最后结果计算，通过对测区回弹值平均值的计算及修正，计算测区混凝土强度换算值，从而确定结构或构件的混凝土强度推定值。

本方法按《回弹法检测混凝土抗压强度技术规程》(JGJ T23—2001)进行。

三、任务实施

1. 主要测试仪器设备

(1)回弹仪：指针只读式的回弹仪，构造和主要零件如图 8-1 所示；也可采用数字显示仪或自动记录式的回弹仪。回弹仪的类型比较多，有重型、中型、轻型和特轻型，一般工程使用最多的是中型回弹仪。

①回弹仪的技术要求。

a. 水平弹击时，弹击锤脱钩的瞬间，回弹仪的标准能量应为 2.207J；

b. 弹击锤与弹击杆碰撞的瞬间，弹击拉簧应处于自由状态，此时弹击锤起跳点应相应于指针指示刻度尺上“0”处；

c. 在洛氏硬度 HRC 为 60 ±2 的钢砧上，回弹仪的率定值应为 80 ±2；

d. 回弹仪使用时的环境温度应为 −4 ~40℃。

②回弹仪的检定。

回弹仪有下列情况之一时,应送检定单位检定:

a. 新回弹仪启用前;

b. 超过检定有效期限(有效期为半年);

c. 累计弹击次数超过6000次;

d. 经常规保养后钢砧率定值不合格;

e. 遭受严重撞击或其他损害。

③回弹仪的率定。

在工程检测前后,回弹仪应在钢砧上做率定试验使其符合技术要求。

回弹仪率定试验宜在干燥、室温为5～35℃的条件下进行。率定时,钢砧应稳固地平放在刚度大的物体上。测定回弹值时,取连续向下弹击三次的稳定回弹平均值(见图8-2),弹击杆应分四次旋转,每次旋转宜为90°,弹击杆每旋转一次的率定平均值均应符合80±2的要求。

④回弹仪的常规保养。

回弹仪有下列情况之一时,应进行常规保养:

a. 弹击超过2000次;

b. 对检测值有怀疑时;

c. 在钢砧上的率定值不合格。

回弹仪常规保养可以按仪器说明书进行,也可参照《回弹法检测混凝土抗压强度技术规程》(JGJ T23—2001)保养。

(2)碳化深度测深尺。

(3)酚酞酒精溶液,浓度为1%。

(4)钢砧,如图8-2所示。

(5)手提式砂轮。

(6)其他:卷尺、钢尺、凿子、锤、毛刷等。

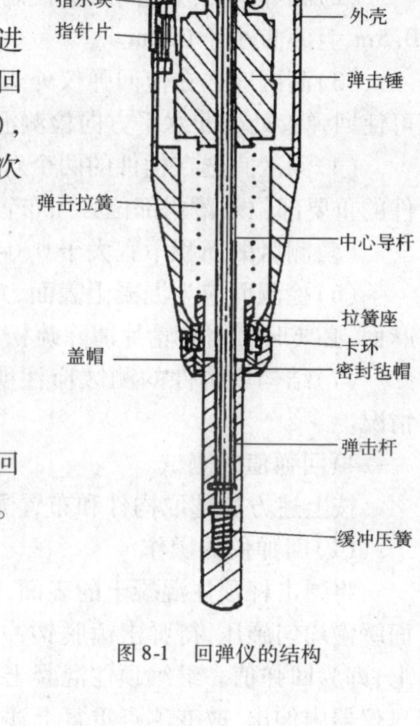

图8-1 回弹仪的结构

2. 检测方法

1)资料准备

需进行无损检测法测试的结构或构件,在检测前,应具备下列有关资料:

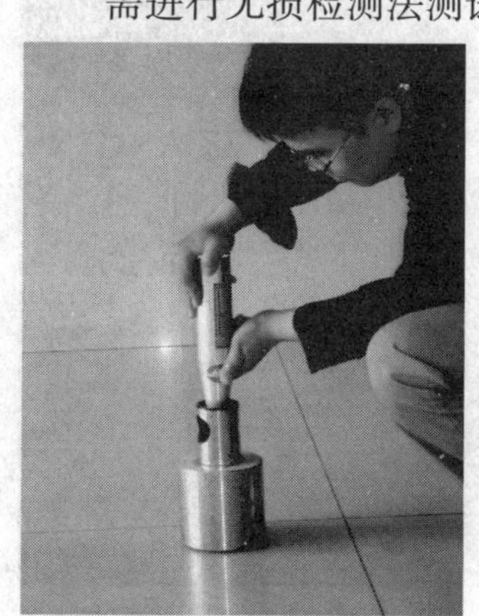
图8-2 回弹仪的率定

(1)工程名称及设计、施工、监理(或监督)和建设单位名称。

(2)结构或构件名称、外形尺寸、数量及混凝土强度等级。

(3)水泥品种、强度等级、安定性、出厂厂名;砂、石种类、粒径;外加剂或掺和料品种、掺量;混凝土配合比等。

(4)施工时材料计量情况,模板、浇筑、养护情况及成型日期等。

(5)必要的设计图纸和施工记录。

(6)检测原因。

2)结构或构件检测数量确定

(1)单个检测:适用于单个结构或构件的检测。

(2)批量检测:适用于在相同的生产工艺条件下,混凝土强度等级相同，原材料、配合比、成型工艺、养护条件基本一致且龄期相近的同类结构或构件。按批进行检测的构件，抽检数量不得少于同批构件总数的30%且构件数量不得少于10件。抽检构件时，应随机抽取并使所选构件具有代表性。

3）选择测区

检测结构或构件时，需要布置测区，因为测区是进行测试的单元。每一结构或构件的测区应符合下列规定：

（1）每一结构或构件的测区数不应少于10个，对某一方向尺寸 <4.5m 且另一方向尺寸 <0.3m 的构件，其测区数量可适当减少，但不应少于5个。

（2）相邻两测区的间距应控制在2m以内；测区离构件端部或施工缝边缘的距离不宜大于0.5m，且不宜小于0.2m。

（3）测区应选在使回弹仪处于水平方向检测混凝土浇筑侧面。当不能满足这一要求时，可使回弹仪处于非水平方向检测混凝土浇筑侧面、表面或底面。

（4）测区宜选在构件的两个对称可测面上，也可选在一个可测面上，且应均匀分布。在构件的重要部位及薄弱部位必须布置测区，并应避开预埋件。

（5）测区的面积不宜大于 $0.04m^2$。

（6）检测面应为混凝土表面，并应清洁、平整，不应有疏松层、浮浆、油垢、涂层以及蜂窝、麻面，必要时可用砂轮片清除疏松层和杂物，且不应有残留的粉末和碎屑。

（7）结构或构件的测区应注明编号，必要时应在记录纸上描述测区示意图和外观质量情况。

4）回弹值的测试

按上述方法选取构件和布置测区后，先测试回弹值。

（1）回弹仪的操作

将弹击杆顶住混凝土的表面，轻压仪器，松开按钮，弹击杆徐徐伸出。使仪器对混凝土表面缓慢均匀施压，待弹击锤脱钩冲击弹击杆后即回弹，带动指针向后移动并停留在某一位置上，即为回弹值。继续顶住混凝土表面并在读取和记录回弹值后，逐渐对仪器减压，使弹击杆自仪器内伸出，改变测点重复上述操作，即可测得被测构件或结构的若干回弹值。操作中注意仪器的轴线应始终垂直于混凝土构件的检测面，缓慢施压，准确读数，快速复位。如图8-3所示。

（2）测点布置

回弹测点宜在测区范围内均匀分布，相邻两测点的间距不宜小于20 mm；测点距外露钢筋、预埋件的距离不宜小于30mm。测点不应在气孔或外露石子上，同一测点只应弹击一次。每一测区应记取16个回弹值。每一测点的回弹值读数准确至1。

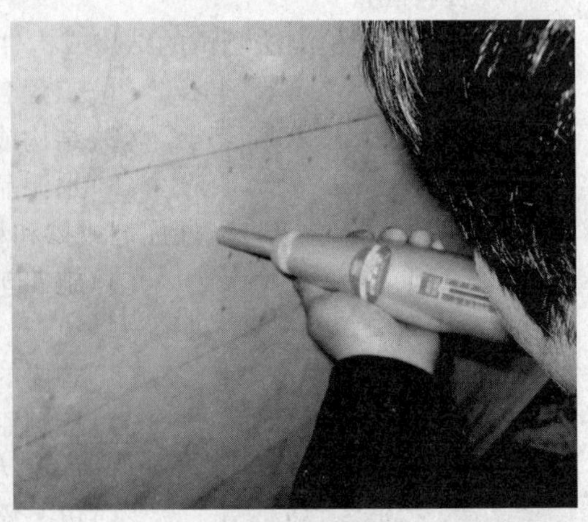

图8-3 回弹仪的操作

5）混凝土碳化深度的测试

混凝土的碳化作用指混凝土内的 $Ca(OH)_2$ 受空气中 CO_2 气体作用生成硬度较高的 $CaCO_3$。混凝土碳化使混凝土表面回弹值增大，但对混凝土本身强度影响不大，从而影响回弹法测强值。所以，要借助于碳化深度测深尺对混凝土的碳化深度进行测试，根据碳化深度对回弹测强值带来的影响进行必要的修正。

(1)测点布置

回弹值测量完毕后，应在有代表性位置上测量碳化深度值，测点数不应小于构件测区数的30%，取其平均值为该构件每测区的碳化深度值 d_m。当碳化深度值级差 >2.0 mm 时，应在每一测区测量碳化深度值。

(2)测试方法

用适当的工具在测区的表面形成直径约为15mm的孔洞(见图8-4)，其深度应大于混凝土的碳化深度。清除洞中粉末和碎屑后(注意不能用水冲洗孔洞)，立即用1%的酚酞酒精溶液滴在孔洞内壁的边缘处，当已碳化与未碳化界线清楚时，再用碳化深度测深尺或其他工具测量已碳化与未碳化混凝土交界面到混凝土表面的垂直距离，测量不应少于3次，取其平均值。每次读数精确至0.5 mm。

3. 回弹值计算和测区混凝土强度的确定

1)测区平均回弹值的计算

从该测区的16个回弹值中剔除3个最大值和3个最小值，按式(8-1)计算余下的10个回弹值的平均值：

$$R_m = \frac{\sum_{i=1}^{10} R_i}{10} \tag{8-1}$$

式中：R_m——测区平均回弹值，计算至0.1；

R_i——第 i 个测点的回弹值。

2)测试角度修正

由于回弹法测强曲线是根据回弹仪水平方向测试混凝土试件侧面的试验数据计算得出的，因此当测试中无法满足上述条件时，需对测得的回弹值进行修正。非水平方向检测混凝土浇筑侧面时，测区平均回弹值根据回弹仪轴线与水平方向的角度 α(见图8-5)按式(8-2)修正：

图8-4　碳化深度测深尺的使用

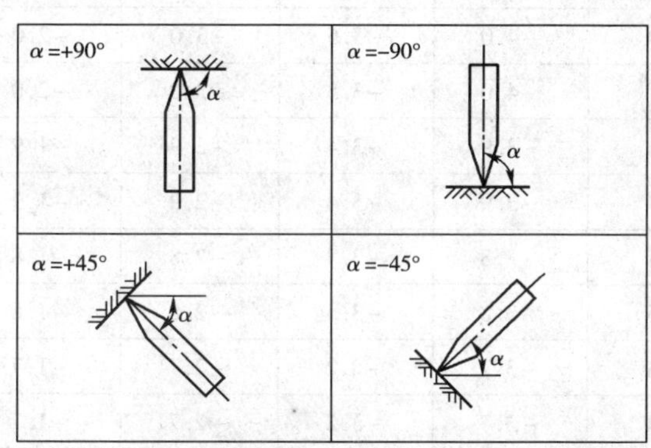

图8-5　回弹仪测试角度示意图

$$R_m = R_{m\alpha} + R_{a\alpha} \tag{8-2}$$

式中：$R_{m\alpha}$——非水平状态检测时测区的平均回弹值，精确至0.1；

$R_{a\alpha}$——非水平状态检测时回弹值修正值，可按表8-1查取。

非水平状态检测时的回弹值修正值 表 8-1

$R_{m\alpha}$	检测角度							
	向上				向下			
	+90°	+60°	+45°	+30°	−30°	−45°	−60°	−90°
20	−6.0	−5.0	−4.0	−3.0	+2.5	+3.0	+3.5	+4.0
21	−5.9	−4.9	−4.0	−3.0	+2.5	+3.0	+3.5	+4.0
22	−5.8	−4.8	−3.9	−2.9	+2.4	+2.9	+3.4	+3.9
23	−5.7	−4.7	−3.9	−2.9	+2.4	+2.9	+3.4	+3.9
24	−5.6	−4.6	−3.8	−2.8	+2.3	+2.8	+3.3	+3.8
25	−5.5	−4.5	−3.8	−2.8	+2.3	+2.8	+3.3	+3.8
26	−5.4	−4.4	−3.7	−2.7	+2.2	+2.7	+3.2	+3.7
27	−5.3	−4.3	−3.7	−2.7	+2.2	+2.7	+3.2	+3.7
28	−5.2	−4.2	−3.6	−2.6	+2.1	+2.6	+3.1	+3.6
29	−5.1	−4.1	−3.6	−2.6	+2.1	+2.6	+3.1	+3.6
30	−5.0	−4.0	−3.5	−2.5	+2.0	+2.5	+3.0	+3.5
31	−4.9	−4.0	−3.5	−2.5	+2.0	+2.5	+3.0	+3.5
32	−4.8	−3.9	−3.4	−2.4	+1.9	+2.4	+2.9	+3.4
33	−4.7	−3.9	−3.4	−2.4	+1.9	+2.4	+2.9	+3.4
34	−4.6	−3.8	−3.3	−2.3	+1.8	+2.3	+2.8	+3.3
35	−4.5	−3.8	−3.3	−2.3	+1.8	+2.3	+2.8	+3.3
36	−4.4	−3.7	−3.2	−2.2	+1.7	+2.2	+2.7	+3.2
37	−4.3	−3.7	−3.2	−2.2	+1.7	+2.2	+2.7	+3.2
38	−4.2	−3.6	−3.1	−2.1	+1.6	+2.1	+2.6	+3.1
39	−4.1	−3.6	−3.1	−2.1	+1.6	+2.1	+2.6	+3.1
40	−4.0	−3.5	−3.0	−2.0	+1.5	+2.0	+2.5	+3.0
41	−4.0	−3.5	−3.0	−2.0	+1.5	+2.0	+2.5	+3.0
42	−3.9	−3.4	−2.9	−1.9	+1.4	+1.9	+2.4	+2.9
43	−3.9	−3.4	−2.9	−1.9	+1.4	+1.9	+2.4	+2.9
44	−3.8	−3.3	−2.8	−1.8	+1.3	+1.8	+2.3	+2.8
45	−3.8	−3.3	−2.8	−1.8	+1.3	+1.8	+2.3	+2.8
46	−3.7	−3.2	−2.7	−1.7	+1.2	+1.7	+2.2	+2.7
47	−3.7	−3.2	−2.7	−1.7	+1.2	+1.7	+2.2	+2.7
48	−3.6	−3.1	−2.6	−1.6	+1.1	+1.6	+2.1	+2.6
49	−3.6	−3.1	−2.6	−1.6	+1.1	+1.6	+2.1	+2.6
50	−3.5	−3.0	−2.5	−1.5	+1.0	+1.5	+2.0	+2.5

注：①$R_{m\alpha}$ <20 或 >50 时，均分别按 20 或 50 查表；

②表中未列入的相应于 $R_{m\alpha}$ 的修正值，可用内插法求得，精确至 0.1。

3)测试面修正

水平方向检测混凝土浇筑表面或底面时,应按式进行修正:

$$R_m = R_m^t + R_a^t \tag{8-3}$$

$$R_m = R_m^b + R_a^b \tag{8-4}$$

式中:R_m^t、R_m^b——水平方向检测混凝土浇筑表面或底面时,测区的平均回弹值,精确至0.1;

R_a^t、R_a^b——混凝土浇筑表面、底面回弹值的修正值,按表8-2查取。

不同浇筑面的回弹值修正值　　表8-2

R_m^t 或 R_m^b	表面修正值 (R_a^t)	底面修正值 (R_a^b)	R_m^t 或 R_m^b	表面修正值 (R_a^t)	底面修正值 (R_a^b)
20	+2.5	−3.0	36	+0.9	−1.4
21	+2.4	−2.9	37	+0.8	−1.3
22	+2.3	−2.8	38	+0.7	−1.2
23	+2.2	−2.7	39	+0.6	−1.1
24	+2.1	−2.6	40	+0.5	−1.0
25	+2.0	−2.5	41	+0.4	−0.9
26	+1.9	−2.4	42	+0.3	−0.8
27	+1.8	−2.3	43	+0.2	−0.7
28	+1.7	−2.2	44	+0.1	−0.6
29	+1.6	−2.1	45	0	−0.5
30	+1.5	−2.0	46	0	−0.4
31	+1.4	−1.9	47	0	−0.3
32	+1.3	−1.8	48	0	−0.2
33	+1.2	−1.7	49	0	−0.1
34	+1.1	−1.6	50	0	0
35	+1.0	−1.5			

注:①R_m^t 或 R_m^b <20 或 >50 时,均分别按 20 或 50 查表;

②表中有关混凝土浇筑表面的修正系数,是指一般原浆抹面的修正值;

③表中有关混凝土浇筑表面的修正系数,是指构件底面与侧面采用同一类模板在正常浇筑情况下的修正值;

④表中未列入的相应于 R_m^t 或 R_m^b 的 R_a^t 和 R_a^b 值,可用内插法求得,精确至0.1。

如果测试时仪器既非水平方向又非混凝土的浇筑侧面,则应对回弹值先进行角度修正,然后再进行浇筑面修正。

4)测区混凝土强度换算值的确定

结构或构件第 i 个测区混凝土强度换算值,可按每一测区的平均回弹值(R_m)及平均碳化深度值 d_m 由测区混凝土强度换算表(见附表8-1);当有地区测强曲线或专用测强曲线时应按地区或专用测强曲线换算得出。对于泵送混凝土还应符合下列规定:

(1)当碳化深度值不大于2.0mm时,每一测区混凝土强度换算值应按表8-3修正。

泵送混凝土测区混凝土强度换算值的修正值　　表 8-3

碳化深度值(mm)	抗压强度值(MPa)				
0;0.5;1.0	f_{cu}^{c}(MPa)	≤40.0	45.0	50.0	55.0~60.0
	k(MPa)	+4.5	+3.0	+1.5	0
1.5;2.0	f_{cu}^{c}(MPa)	≤30.0	35.0	40.0~60.0	
	k(MPa)	+3.0	+1.5	0	

注:表中未列入的 $f_{cu,i}^{c}$ 值可用内插法求得其修正值,精确至0.1MPa。

(2)当碳化深度值>2.0mm时,可采用同条件试件或钻取混凝土芯样进行修正。

5)统一测强曲线的适用条件

(1)符合下列条件的混凝土,方可采用附表8-1进行测区混凝土强度换算:

①不掺外加剂或仅掺非引气性外加剂;

②采用普通成型工艺;

③采用符合现行国家标准《混凝土结构工程施工及验收规范》(GB 50204—2002)规定的钢模、木模及其他材料制作的模板;

④自然养护或蒸汽养护出池后经自然养护7d以上,且混凝土表层为干燥状态;

⑤龄期为14~1000d;

⑥抗压强度为10~60MPa。

(2)当有下列情况之一时,测区混凝土强度不得按附表8-1进行换算:

①粗集料最大粒径>60mm;

②特种成型工艺制作的混凝土;

③检测部位曲率半径<250mm;

④潮湿或浸水混凝土。

4. 混凝土强度计算

(1)结构或构件的测区混凝土强度平均值(mf_{cu}^{c}),可根据各测区的混凝土强度换算值($f_{cu,i}^{c}$)计算。当测区数为10个及以上时,应计算强度标准差。平均值和标准差按下列公式计算:

$$mf_{cu}^{c}=\frac{\sum_{i=1}^{n}f_{cu,i}^{c}}{n} \tag{8-5}$$

$$sf_{cu}^{c}=\sqrt{\frac{\sum_{i=1}^{n}(f_{cu,i}^{c})^{2}-n(mf_{cu}^{c})^{2}}{n-1}} \tag{8-6}$$

式中:mf_{cu}^{c}——结构或构件测区混凝土强度换算值的平均值(MPa),精确至0.1MPa;

$f_{cu,i}^{c}$——各测区混凝土强度换算值(MPa);

n——对于单个检测的构件,取一个构件的测区数;对批量检测的构件,取被抽检构件测区数之和;

sf_{cu}^{c}——结构或构件测区混凝土强度换算值的标准差(MPa),精确至0.01MPa。

(2)结构或构件的混凝土强度推定值应按下式确定:

①当该结构或构件测区数少于10个时:

$$f_{cu,e}=f_{cu,min}^{c} \tag{8-7}$$

式中：$f_{cu,min}^{c}$——构件中最小的测区混凝土强度换算值。

②当该结构或构件测区强度值中出现小于 10.0 MPa 时：

$$f_{cu,e}<10.0\ \text{MPa} \tag{8-8}$$

③当该结构或构件测区数不少于 10 个或按批量检测时，应按下列公式计算：

$$f_{cu,e}=mf_{cu}^{c}-1.645sf_{cu}^{c}sf_{cu}^{c} \tag{8-9}$$

注：结构或构件的混凝土强度推定值，是指相应于强度换算值总体分布中保证率不低于 95% 的结构或构件中的混凝土抗压强度值。

④对按批量检测的构件，当该批构件混凝土强度标准差出现下列情况之一时，则该批构件应全部按单个构件检测：

a. 当该批构件混凝土强度平均值 <25MPa 时：

$$sf_{cu}^{c}>4.5\text{MPa}$$

b. 当该批构件混凝土强度平均值不小于 25MPa 时：

$$sf_{cu}^{c}>5.5\text{MPa}$$

四、试验检测结果

现场测试时，在梁的底面选择具有代表性的测区采用回弹法测试，其回弹值及碳化深度值列于表 8-4 中。

回弹法检测原始记录表

工程项目编号：K292 +450 跨线桥　　　　标段：　　　　施工单位：　　　　表 8-4

<table>
<tr><td rowspan="12">结构物名称：
K292 +450 跨线桥
构件名称：
3 号板梁
设计强度（MPa）：
C30
浇筑日期：
2007 年 9 月 29 日
碳化深度（mm）：0，0，0</td><td rowspan="2">测区</td><td colspan="17">回　弹　值 R_i</td></tr>
<tr><td>1</td><td>2</td><td>3</td><td>4</td><td>5</td><td>6</td><td>7</td><td>8</td><td>9</td><td>10</td><td>11</td><td>12</td><td>13</td><td>14</td><td>15</td><td>16</td><td>R_m</td></tr>
<tr><td>1</td><td>38</td><td>36</td><td>44</td><td>38</td><td>38</td><td>35</td><td>36</td><td>38</td><td>37</td><td>38</td><td>37</td><td>38</td><td>37</td><td>37</td><td>38</td><td>38</td><td>37.6</td></tr>
<tr><td>2</td><td>38</td><td>38</td><td>47</td><td>39</td><td>38</td><td>42</td><td>40</td><td>40</td><td>41</td><td>39</td><td>39</td><td>37</td><td>45</td><td>38</td><td>39</td><td>37</td><td>39.1</td></tr>
<tr><td>3</td><td>42</td><td>39</td><td>37</td><td>38</td><td>45</td><td>37</td><td>40</td><td>41</td><td>40</td><td>38</td><td>38</td><td>38</td><td>40</td><td>42</td><td>39</td><td>41</td><td>39.4</td></tr>
<tr><td>4</td><td>40</td><td>38</td><td>37</td><td>46</td><td>42</td><td>40</td><td>46</td><td>38</td><td>49</td><td>44</td><td>44</td><td>37</td><td>41</td><td>37</td><td>39</td><td>39</td><td>40.5</td></tr>
<tr><td>5</td><td>39</td><td>38</td><td>39</td><td>36</td><td>36</td><td>40</td><td>41</td><td>39</td><td>40</td><td>43</td><td>41</td><td>43</td><td>37</td><td>37</td><td>41</td><td>45</td><td>39.5</td></tr>
<tr><td>6</td><td>41</td><td>40</td><td>49</td><td>39</td><td>39</td><td>38</td><td>37</td><td>39</td><td>37</td><td>37</td><td>42</td><td>45</td><td>38</td><td>36</td><td>37</td><td>36</td><td>38.5</td></tr>
<tr><td>7</td><td>38</td><td>37</td><td>37</td><td>41</td><td>40</td><td>45</td><td>41</td><td>36</td><td>40</td><td>45</td><td>46</td><td>38</td><td>48</td><td>40</td><td>40</td><td>41</td><td>40.4</td></tr>
<tr><td>8</td><td>41</td><td>40</td><td>46</td><td>37</td><td>49</td><td>41</td><td>38</td><td>40</td><td>49</td><td>47</td><td>40</td><td>39</td><td>41</td><td>52</td><td>42</td><td>38</td><td>41.7</td></tr>
<tr><td>9</td><td>45</td><td>40</td><td>41</td><td>39</td><td>48</td><td>47</td><td>43</td><td>46</td><td>39</td><td>42</td><td>40</td><td>43</td><td>43</td><td>39</td><td>43</td><td>52</td><td>42.6</td></tr>
<tr><td>10</td><td>39</td><td>36</td><td>44</td><td>43</td><td>42</td><td>50</td><td>48</td><td>38</td><td>37</td><td>40</td><td>44</td><td>44</td><td>36</td><td>38</td><td>43</td><td>41</td><td>41.2</td></tr>
<tr><td>测面状态</td><td colspan="5">侧面、表面、底面
干燥、潮湿</td><td rowspan="2">回弹仪</td><td colspan="5">型号：ZC3 – A</td><td colspan="7">编号：×××</td></tr>
<tr><td>测面角度</td><td colspan="5">水平、向上、向下</td><td colspan="5">率定值：81 80 80 80 81
79 80 80 80 81 80 80</td><td colspan="7">测试人员资格证号：</td></tr>
</table>

检测：　　　　年　　月　　日　　　　　　校核：　　　　年　　月　　日

由于当时无地区测强曲线作为参照，决定采用《回弹法检测混凝土抗压强度技术规程》(JGJ T23—2001)测强曲线进行计算，并进行修正，计算结果如表8-5所示。经检测得出混凝土强度推定值为30.2MPa，判定为合格。

构件混凝土强度计算表

工程项目编号：K292+450跨线桥　　标段：　　施工单位：　　表8-5

项目＼测区		1	2	3	4	5	6	7	8	9	10
回弹值	测区平均值	37.6	39.1	39.4	40.5	39.5	38.5	40.0	41.7	42.6	41.2
	角度修正值	−4.2	−4.1	−4.1	−4.0	−4.0	−4.2	−4.0	−3.9	−3.9	−4.0
	角度修正后	33.4	35.0	35.3	36.5	35.5	34.3	36.0	37.8	38.7	37.2
	浇灌面修正值	−1.7	−1.5	−1.5	−1.4	−1.4	−1.6	−1.4	−1.2	−1.1	−1.3
	浇灌面修正后	31.7	33.5	33.8	35.1	34.1	32.7	34.6	36.6	37.6	35.9
平均碳化深度值 d_m(mm)		0	0	0	0	0	0	0	0	0	0
泵送混凝土修正值(MPa)		+4.5	+4.5	+4.5	+4.5	+4.5	+4.5	+4.5	+4.5	+4.5	+4.5
测区强度值 f_{cm}^{c}(MPa)		30.5	33.6	34.1	36.5	34.7	32.3	35.6	39.3	41.2	38.9
强度计算(MPa)($n=10$)		$mf_{cu}^{c}=35.7$		$sf_{cu}^{c}=3.344$			$f_{cu,e}=30.2$				
使用测区强度换算表名称：规程 地区专用				备注：设计混凝土强度C30							

检测：　　年　月　日　　校核：　　年　月　日

五、注意事项

(1)回弹值测定时，应注意对混凝土表面缓慢均匀施压，切忌快速弹击，以免测量数据不准确。

(2)操作中注意不论结构物测试面与地面的角度如何，均必须保证仪器的轴线始终垂直于测试面。

(3)回弹测点宜在测区范围内均匀分布，相邻两测点的间距不宜小于20 mm；测点不应在气孔或外露石子上，同一测点只应弹击一次。

(4)测点距外露钢筋、预埋件的距离要超过30mm。

复习思考题

1. 回弹法测定混凝土的抗压强度的主要测试仪器有哪些？

2. 回弹仪有哪些情况之一时应送鉴定单位鉴定？

3. 回弹法测定混凝土的抗压强度时，每个构件的测区应满足哪些要求？

4. 简述回弹法检测混凝土强度的基本原理和检测原则。

5. 用回弹法对混凝土矩形墩进行强度检测，其中某一测区($\alpha=0$)回弹值分别为37、35、33、37、38、35、36、35、34、36、35、37、36、35、34、36，碳化深度为0.5mm，求该测区混凝土强度。

测区混凝土强度换算表(统一) 附表 8-1

平均回弹值 R_m	测区混凝土强度换算值 $f_{cu,i}^{c}$(MPa)												
	平均碳化深度值 d_m(mm)												
	0	0.5	1.0	1.5	2.0	2.5	3.0	3.5	4.0	4.5	5.0	5.5	≥6.0
20.0	10.3	10.1	—	—	—	—	—	—	—	—	—	—	—
20.2	10.5	10.3	10.0	—	—	—	—	—	—	—	—	—	—
20.4	10.7	10.5	10.2	—	—	—	—	—	—	—	—	—	—
20.6	11.0	10.8	10.4	10.1	—	—	—	—	—	—	—	—	—
20.8	11.2	11.0	10.6	10.3	—	—	—	—	—	—	—	—	—
21.0	11.4	11.2	10.8	10.5	10.0	—	—	—	—	—	—	—	—
21.2	11.6	11.4	11.0	10.7	10.2	—	—	—	—	—	—	—	—
21.4	11.8	11.6	11.2	10.9	10.4	10.0	—	—	—	—	—	—	—
21.6	12.0	11.8	11.4	11.0	10.6	10.2	—	—	—	—	—	—	—
21.8	12.3	12.1	11.7	11.3	10.8	10.5	10.1	—	—	—	—	—	—
22.0	12.5	12.2	11.9	11.5	11.0	10.6	10.2	—	—	—	—	—	—
22.2	12.7	12.4	12.1	11.7	11.2	10.8	10.4	10.0	—	—	—	—	—
22.4	13.0	12.7	12.4	12.0	11.4	11.0	10.7	10.3	10.0	—	—	—	—
22.6	13.2	12.9	12.5	12.1	11.6	11.2	10.8	10.4	10.2	—	—	—	—
22.8	13.4	13.1	12.7	12.3	11.8	11.4	11.0	10.6	10.3	—	—	—	—
23.0	13.7	13.4	13.0	12.6	12.1	11.6	11.2	10.8	10.5	10.1	—	—	—
23.2	13.9	13.6	13.2	12.8	12.2	11.8	11.4	11.0	10.7	10.3	10.0	—	—
23.4	14.1	13.8	13.4	13.0	12.4	12.0	11.6	11.2	10.9	10.4	10.2	—	—
23.6	14.4	14.1	13.7	13.2	12.7	12.2	11.8	11.4	11.1	10.7	10.4	10.1	—
23.8	14.6	14.3	13.9	13.4	12.8	12.4	12.0	11.5	11.2	10.8	10.5	10.2	—
24.0	14.9	14.6	14.2	13.7	13.1	12.7	12.2	11.8	11.5	11.0	10.7	10.4	10.1
24.2	15.1	14.8	14.3	13.9	13.3	12.8	12.4	11.9	11.6	11.2	10.9	10.6	10.3
24.4	15.4	15.1	14.6	14.2	13.6	13.1	12.6	12.2	11.9	11.4	11.1	10.8	10.4
24.6	15.6	15.3	14.8	14.4	13.7	13.3	12.8	12.3	12.0	11.5	11.2	10.9	10.6
24.8	15.9	15.6	15.1	14.6	14.0	13.5	13.0	12.6	12.2	11.8	11.4	11.1	10.7
25.0	16.2	15.9	15.4	14.9	14.3	13.8	13.3	12.8	12.5	12.0	11.7	11.3	10.9
25.2	16.4	16.1	15.6	15.1	14.4	13.9	13.4	13.0	12.6	12.1	11.8	11.5	11.0
25.4	16.7	16.4	15.9	15.4	14.7	14.2	13.7	13.2	12.9	12.4	12.0	11.7	11.2
25.6	16.9	16.6	16.1	15.7	14.9	14.4	13.9	13.4	13.0	12.5	12.2	11.8	11.3
25.8	17.2	16.9	16.3	15.8	15.1	14.6	14.1	13.6	13.2	12.7	12.4	12.0	11.5
26.0	17.5	17.2	16.6	16.1	15.4	14.9	14.4	13.8	13.5	13.0	12.6	12.2	11.6
26.2	17.8	17.4	16.9	16.4	15.7	15.1	14.6	14.0	13.7	13.2	12.8	12.4	11.8
26.4	18.0	17.6	17.1	16.6	15.8	15.3	14.8	14.2	13.9	13.3	13.0	12.6	12.0

续上表

平均回弹值 R_m	测区混凝土强度换算值 $f^c_{cu,i}$(MPa)												
	平均碳化深度值 d_m(mm)												
	0	0.5	1.0	1.5	2.0	2.5	3.0	3.5	4.0	4.5	5.0	5.5	≥6.0
26.6	18.3	17.9	17.4	16.8	16.1	15.6	15.0	14.4	14.1	13.5	13.2	12.8	12.1
26.8	18.6	18.2	17.7	17.1	16.4	15.8	15.3	14.6	14.3	13.8	13.4	12.9	12.3
27.0	18.9	18.5	18.0	17.4	16.6	16.1	15.5	14.8	14.6	14.0	13.6	13.1	12.4
27.2	19.1	18.7	18.1	17.6	16.8	16.2	15.7	15.0	14.7	14.1	13.8	13.3	12.6
27.4	19.4	19.0	18.4	17.8	17.0	16.4	15.9	15.2	14.9	14.3	14.0	13.4	12.7
27.6	19.7	19.3	18.7	18.0	17.2	16.6	16.1	15.4	15.1	14.5	14.1	13.6	12.9
27.8	20.0	19.6	19.0	18.2	17.4	16.8	16.3	15.6	15.3	14.7	14.2	13.7	13.0
28.0	20.3	19.7	19.2	18.4	17.6	17.0	16.5	15.8	15.4	14.8	14.4	13.9	13.2
28.2	20.6	20.0	19.5	18.6	17.8	17.2	16.7	16.0	15.6	15.0	14.6	14.0	13.3
28.4	20.9	20.3	19.7	18.8	18.0	17.4	16.9	16.2	15.8	15.2	14.8	14.2	13.5
28.6	21.2	20.6	20.0	19.1	18.2	17.6	17.1	16.4	16.0	15.4	15.0	14.3	13.6
28.8	21.5	20.9	20.2	19.4	18.5	17.8	17.3	16.6	16.2	15.6	15.2	14.5	13.8
29.0	21.8	21.1	20.5	19.6	18.7	18.1	17.5	16.8	16.4	15.8	15.4	14.6	13.9
29.2	22.1	21.4	20.8	19.9	19.0	18.3	17.7	17.0	16.6	16.0	15.6	14.8	14.1
29.4	22.4	21.7	21.1	20.2	19.3	18.6	17.9	17.2	16.8	16.2	15.8	15.0	14.2
29.6	22.7	22.0	21.3	20.4	19.5	18.8	18.2	17.5	17.0	16.4	16.0	15.1	14.4
29.8	23.0	22.3	21.6	20.7	19.8	19.1	18.4	17.7	17.2	16.6	16.2	15.3	14.5
30.0	23.3	22.6	21.9	21.0	20.0	19.3	18.6	17.9	17.4	16.8	16.4	15.4	14.7
30.2	23.6	22.9	22.2	21.2	20.3	19.6	18.9	18.2	17.6	17.0	16.6	15.6	14.9
30.4	23.9	23.2	22.5	21.5	20.6	19.8	19.1	18.4	17.8	17.2	16.8	15.8	15.1
30.6	24.3	23.6	22.8	21.9	20.9	20.2	19.4	18.7	18.0	17.5	17.0	16.0	15.2
30.8	24.6	23.9	23.1	22.1	21.2	20.4	19.7	18.9	18.2	17.7	17.2	16.2	15.4
31.0	24.9	24.2	23.4	22.4	21.4	20.7	19.9	19.2	18.4	17.9	17.4	16.4	15.5
31.2	25.2	24.4	23.7	22.4	21.7	20.9	20.2	19.4	18.6	18.1	17.6	16.6	15.7
31.4	25.6	24.8	24.1	23.0	22.0	21.2	20.5	19.7	18.9	18.4	17.8	16.9	15.8
31.6	25.9	25.1	24.3	23.3	22.3	21.5	20.7	19.9	19.2	18.6	18.0	17.1	16.0
31.8	26.2	25.4	24.6	23.6	22.5	21.7	21.0	20.2	19.4	18.9	18.2	17.3	16.2
32.0	26.5	25.7	24.9	23.9	22.8	22.0	21.2	20.4	19.6	19.1	18.4	17.5	16.4
32.2	26.9	26.1	25.3	24.2	23.1	22.3	21.5	20.7	19.9	19.4	18.6	17.7	16.6
32.4	27.2	26.4	25.6	24.5	23.4	22.6	21.8	20.9	20.1	19.6	18.8	17.9	16.8
32.6	27.6	26.8	25.9	24.8	23.7	22.9	22.1	21.3	20.4	19.9	19.0	18.1	17.0
32.8	27.9	27.1	26.2	25.1	24.0	23.2	22.3	21.5	20.6	20.1	19.2	18.3	17.2
33.0	28.2	27.4	26.5	25.4	24.3	23.4	22.6	21.7	20.9	20.3	19.4	18.5	17.4

续上表

平均回弹值 R_m	测区混凝土强度换算值 $f^c_{cu,i}$ (MPa) 平均碳化深度值 d_m (mm)												
	0	0.5	1.0	1.5	2.0	2.5	3.0	3.5	4.0	4.5	5.0	5.5	≥6.0
33.2	28.6	27.7	26.8	25.7	24.6	23.7	22.9	22.0	21.2	20.5	19.6	18.7	17.6
33.4	28.9	28.0	27.1	26.0	24.9	24.0	23.1	22.3	21.4	20.7	19.8	18.9	17.8
33.6	29.3	28.4	27.4	26.4	25.2	24.2	23.3	22.6	21.7	20.9	20.0	19.1	18.0
33.8	29.6	28.7	27.7	26.6	25.4	24.4	23.5	22.8	21.9	21.1	20.2	19.3	18.2
34.0	30.0	29.1	28.0	26.8	25.6	24.6	23.7	23.0	22.1	21.3	20.4	19.5	18.3
34.2	30.3	29.4	28.3	27.0	25.8	24.8	23.9	23.2	22.3	21.5	20.6	19.7	18.4
34.4	30.7	29.8	28.6	27.2	26.0	25.0	24.1	23.4	22.5	21.7	20.8	19.8	18.6
34.6	31.1	30.2	28.9	27.4	26.2	25.2	24.3	23.6	22.7	21.9	21.0	20.0	18.8
34.8	31.4	30.5	29.2	27.6	26.4	25.4	24.5	23.8	22.9	22.1	21.2	20.2	19.0
35.0	31.8	30.8	29.6	28.0	26.7	25.8	24.8	24.0	23.2	22.3	21.4	20.4	19.2
35.2	32.1	31.1	29.9	28.2	27.0	26.0	25.0	24.2	23.4	22.5	21.6	20.6	19.4
35.4	32.5	31.5	30.2	28.6	27.3	26.3	25.4	24.4	23.7	22.8	21.8	20.8	19.6
35.6	32.9	31.9	30.6	29.0	27.6	26.6	25.7	24.7	24.0	23.0	22.0	21.0	19.8
35.8	33.3	32.3	31.0	29.3	28.0	27.0	26.0	25.0	24.3	23.3	22.2	21.2	20.0
36.0	33.6	32.6	31.2	29.6	28.2	27.2	26.2	25.2	24.5	23.5	22.4	21.4	20.2
36.2	34.0	33.0	31.6	29.9	28.6	27.5	26.5	25.5	24.8	23.8	22.6	21.6	20.4
36.4	34.4	33.4	32.0	30.3	28.9	27.9	26.8	25.8	25.1	24.1	22.8	21.8	20.6
36.6	34.8	33.8	32.4	30.6	29.2	28.2	27.1	26.1	25.4	24.4	23.0	22.0	20.9
36.8	35.2	34.1	32.7	31.0	29.6	28.5	27.5	26.4	25.7	24.6	23.2	22.2	21.1
37.0	35.5	34.4	33.0	31.2	29.8	28.8	27.7	26.6	25.9	24.8	23.4	22.4	21.3
37.2	35.9	34.8	33.4	31.6	30.2	29.1	28.0	26.9	26.2	25.1	23.7	22.6	21.5
37.4	36.3	35.2	33.8	31.9	30.5	29.4	28.3	27.2	26.5	25.4	24.0	22.9	21.8
37.6	36.7	35.6	34.1	32.3	30.8	29.7	28.6	27.5	26.8	25.7	24.2	23.1	22.0
37.8	37.1	36.0	34.5	32.6	31.2	30.0	28.9	27.8	27.1	26.0	24.5	23.4	22.3
38.0	37.5	36.4	34.9	33.0	31.5	30.3	29.2	28.1	27.4	26.2	24.8	23.6	22.5
38.2	37.9	36.8	35.2	33.4	31.8	30.6	29.5	28.4	27.7	26.4	25.0	23.9	22.7
38.4	38.3	37.2	35.6	33.7	32.1	30.9	29.8	28.7	28.0	26.8	25.3	24.1	23.0
38.6	38.7	37.5	36.0	34.1	32.4	31.2	30.1	29.0	28.3	27.0	25.5	24.4	23.2
38.8	39.1	37.9	36.4	34.4	32.7	31.5	30.4	29.3	28.5	27.2	25.8	24.6	23.5
39.0	39.5	38.2	36.7	34.7	33.0	31.8	30.6	29.6	28.8	27.4	26.0	24.8	23.7
39.2	39.9	38.5	37.0	35.0	33.3	32.1	30.8	29.8	29.0	27.6	26.2	25.0	24.0
39.4	40.3	38.8	37.3	35.3	33.6	32.4	31.0	30.0	29.2	27.8	26.4	25.2	24.2
39.6	40.7	39.1	37.6	35.6	33.9	32.7	31.2	30.2	29.4	28.0	26.6	25.4	24.4

续上表

平均回弹值 R_m	测区混凝土强度换算值 $f^c_{cu,i}$(MPa)												
	平均碳化深度值 d_m(mm)												
	0	0.5	1.0	1.5	2.0	2.5	3.0	3.5	4.0	4.5	5.0	5.5	≥6.0
39.8	41.2	39.6	38.0	35.9	34.2	33.0	31.4	30.5	29.7	28.2	26.8	25.6	24.7
40.0	41.6	39.9	38.3	36.2	34.5	33.3	31.7	30.8	30.0	28.4	27.0	25.8	25.0
40.2	42.0	40.3	38.6	36.5	34.8	33.6	32.0	31.1	30.2	28.6	27.3	26.0	25.2
40.4	42.4	40.7	39.0	36.9	35.1	33.9	32.3	31.4	30.5	28.8	27.6	26.2	25.4
40.6	42.8	41.1	39.4	37.2	35.4	34.2	32.6	31.7	30.8	29.1	27.8	26.5	25.7
40.8	43.3	41.6	39.8	37.7	35.7	34.5	32.9	32.0	31.2	29.4	28.1	26.8	26.0
41.0	43.7	42.0	40.2	38.0	36.0	34.8	33.2	32.3	31.5	29.7	28.4	27.1	26.2
41.2	44.1	42.3	40.6	38.4	36.3	35.1	33.5	32.6	31.8	30.0	28.7	27.3	26.5
41.4	44.5	42.7	40.9	38.7	36.6	35.4	33.8	32.9	32.0	30.3	28.9	27.6	26.7
41.6	45.0	43.2	41.4	39.2	36.9	35.7	34.2	33.3	32.4	30.6	29.2	27.9	27.0
41.8	45.4	43.6	41.8	39.5	37.2	36.0	34.5	33.6	32.7	30.9	29.5	28.1	27.2
42.0	45.9	44.1	42.2	39.9	37.6	36.3	34.9	34.0	33.0	31.2	29.8	28.5	27.5
42.2	46.3	44.4	42.6	40.3	38.0	36.6	35.2	34.3	33.3	31.5	30.1	28.7	27.8
42.4	46.7	44.8	43.0	40.6	38.3	36.9	35.5	34.6	33.6	31.8	30.4	29.0	28.0
42.6	47.2	45.3	43.4	41.1	38.7	37.3	35.9	34.9	34.0	32.1	30.7	29.3	28.3
42.8	47.6	45.7	43.8	41.4	39.0	37.6	36.2	35.2	34.3	32.4	30.9	29.5	28.6
43.0	48.1	46.2	44.2	41.8	39.4	38.0	36.6	35.6	34.6	32.7	31.3	29.8	28.9
43.2	48.5	46.6	44.6	42.2	39.8	39.3	36.9	35.9	34.9	33.0	31.5	30.1	29.1
43.4	49.0	47.0	45.1	42.6	40.2	38.7	37.2	36.3	35.3	33.3	31.8	30.4	29.4
43.6	49.4	47.4	45.4	43.0	40.5	39.0	37.5	36.6	35.6	33.6	32.1	30.6	29.6
43.8	49.9	47.9	45.9	43.4	40.9	39.4	37.9	36.9	35.9	33.9	32.4	30.9	29.9
44.0	50.4	48.4	46.4	43.8	41.3	39.8	38.3	37.3	36.3	34.3	32.8	31.2	30.2
44.2	50.8	48.8	46.7	44.2	41.7	40.1	38.6	37.6	36.6	34.5	33.0	31.5	30.5
44.4	51.3	49.2	47.2	44.6	42.1	40.5	39.0	38.0	36.9	34.9	33.3	31.8	30.8
44.6	51.7	49.6	47.6	45.0	42.4	40.8	39.3	38.3	37.2	35.2	33.6	32.1	31.0
44.8	52.2	50.1	48.0	45.4	42.8	41.2	39.7	38.6	37.6	35.5	33.9	32.4	31.3
45.0	52.7	50.6	48.5	45.8	43.2	41.6	40.1	39.0	37.9	35.8	34.3	32.7	31.6
45.2	53.2	51.1	48.9	46.3	43.6	42.0	40.4	39.4	38.3	36.2	34.6	33.0	31.9
45.4	53.6	51.5	49.4	46.6	44.0	42.3	40.7	39.7	38.6	36.4	34.8	33.2	32.2
45.6	54.1	51.9	49.8	47.1	44.4	42.7	41.1	40.0	39.0	36.8	35.2	33.5	32.5
45.8	54.6	52.4	50.2	47.5	44.8	43.1	41.5	40.4	39.3	37.1	35.5	33.9	32.8
46.0	55.0	52.8	50.6	47.9	45.2	43.5	41.9	40.8	39.7	37.5	35.8	34.2	33.1
46.2	55.5	53.3	51.1	48.3	45.5	43.8	42.2	41.1	40.0	37.7	36.1	34.4	33.3

续上表

平均回弹值 R_m	测区混凝土强度换算值 $f^c_{cu,i}$(MPa)												
	平均碳化深度值 d_m(mm)												
	0	0.5	1.0	1.5	2.0	2.5	3.0	3.5	4.0	4.5	5.0	5.5	≥6.0
46.4	56.0	53.8	51.5	48.7	45.9	44.2	42.6	41.4	40.3	38.1	36.4	34.7	33.6
46.6	56.5	54.2	52.0	49.2	46.3	44.6	42.9	41.8	40.7	38.4	36.7	35.0	33.9
46.8	57.0	54.7	52.4	49.6	46.7	45.0	43.3	42.2	41.0	38.8	37.0	35.3	34.2
47.0	57.5	55.2	52.9	50.0	47.2	45.2	43.7	42.6	41.4	39.1	37.4	35.6	34.5
47.2	58.0	55.7	53.4	50.5	47.6	45.8	44.1	42.9	41.8	39.4	37.7	36.0	34.8
47.4	58.5	56.2	53.8	50.9	48.0	46.2	44.5	43.3	42.1	39.8	38.0	36.3	35.1
47.8	59.5	57.1	54.7	51.8	48.8	47.0	45.2	44.0	42.8	40.5	38.7	36.9	35.7
48.0	60.0	57.6	55.2	52.2	49.2	47.4	45.6	44.4	43.2	40.8	39.0	37.2	36.0
48.2	—	58.0	55.7	52.6	49.6	47.8	46.0	44.8	43.6	41.1	39.3	37.5	36.3
48.4	—	58.6	56.1	53.1	50.0	48.2	46.4	45.1	43.9	41.5	39.6	37.8	36.6
48.6	—	59.0	56.6	53.5	50.4	48.6	46.7	45.5	44.3	41.8	40.0	38.1	36.9
48.8	—	59.5	57.1	54.0	50.9	49.0	47.1	45.9	44.6	42.2	40.3	38.4	37.2
49.0	—	60.0	57.5	54.4	51.3	49.4	47.5	46.2	45.0	42.5	42.5	40.6	38.8
49.2	—	—	58.0	54.8	51.7	49.8	47.9	46.6	45.4	42.8	41.0	39.1	37.8
49.4	—	—	58.5	55.3	52.1	50.2	48.3	47.1	45.8	43.2	41.3	39.4	38.2
49.6	—	—	58.9	55.7	52.5	50.6	48.7	47.4	46.2	43.6	41.7	39.7	38.5
49.8	—	—	59.4	56.2	53.0	51.0	49.1	47.8	46.5	43.9	42.0	40.1	38.8
50.0	—	—	59.9	56.7	53.4	51.4	49.5	48.2	46.9	44.3	42.3	40.4	39.1
50.2	—	—	—	57.1	53.8	51.9	49.9	48.5	47.2	44.6	42.6	40.7	39.4
50.4	—	—	—	57.6	54.3	52.3	50.3	49.0	47.7	45.0	43.0	41.0	39.7
50.6	—	—	—	58.0	54.7	52.7	50.7	49.4	48.0	45.4	43.4	41.4	40.0
50.8	—	—	—	58.5	55.1	53.1	51.1	49.8	48.4	45.7	43.7	41.7	40.3
51.0	—	—	—	59.0	55.6	53.5	51.5	50.1	48.8	46.1	44.1	42.0	40.7
51.2	—	—	—	59.4	56.0	54.0	51.9	50.5	49.2	46.4	44.4	42.3	41.0
51.4	—	—	—	59.9	56.4	54.4	52.3	50.9	49.6	46.8	44.7	42.7	41.3
51.6	—	—	—	—	56.9	54.8	52.7	51.3	50.0	47.2	45.1	43.0	41.6
51.8	—	—	—	—	57.3	55.2	53.1	51.7	50.3	47.5	45.4	43.3	41.8
52.0	—	—	—	—	57.8	55.7	53.6	52.1	50.7	47.9	45.8	43.7	42.3
52.2	—	—	—	—	58.2	56.1	54.0	52.5	51.1	48.3	46.2	44.0	42.6
52.4	—	—	—	—	58.7	56.5	54.4	53.0	51.5	48.7	46.5	44.4	43.0
52.6	—	—	—	—	59.1	57.0	54.8	53.4	51.9	49.0	46.9	44.7	43.3
52.8	—	—	—	—	59.6	57.4	55.2	53.8	52.3	49.4	47.3	45.1	43.6
53.0	—	—	—	—	60.0	57.8	55.6	54.2	52.7	49.8	47.6	45.4	43.9
53.2	—	—	—	—	—	58.3	56.1	54.6	53.1	50.2	48.0	45.8	44.3
53.4	—	—	—	—	—	58.7	56.5	55.0	53.5	50.5	48.3	46.1	44.6

续上表

平均回弹值 R_m	测区混凝土强度换算值 $f^c_{cu,i}$(MPa)												
	平均碳化深度值 d_m(mm)												
	0	0.5	1.0	1.5	2.0	2.5	3.0	3.5	4.0	4.5	5.0	5.5	≥6.0
53.6	—	—	—	—	—	59.2	56.9	55.4	53.9	50.9	48.7	46.4	44.9
53.8	—	—	—	—	—	59.6	57.3	55.8	54.3	51.3	49.0	46.8	45.3
54.0	—	—	—	—	—	—	57.8	56.3	54.7	51.7	49.4	47.1	45.6
54.2	—	—	—	—	—	—	58.2	56.7	55.1	52.1	49.8	47.5	46.0
54.4	—	—	—	—	—	—	58.6	57.1	55.6	52.5	50.2	47.9	45.3
54.6	—	—	—	—	—	—	59.1	57.5	56.0	52.9	50.5	48.2	46.6
54.8	—	—	—	—	—	—	59.5	57.9	56.4	53.2	50.9	48.5	47.0
55.0	—	—	—	—	—	—	59.9	58.4	56.8	53.6	51.3	48.9	48.3
55.2	—	—	—	—	—	—	—	58.8	57.2	54.0	51.6	49.3	47.7
55.4	—	—	—	—	—	—	—	59.2	57.6	54.4	52.0	49.6	48.0
55.6	—	—	—	—	—	—	—	59.7	58.0	54.8	52.4	50.0	48.4
55.8	—	—	—	—	—	—	—	—	58.5	55.2	52.8	50.3	48.7
56.0	—	—	—	—	—	—	—	—	58.9	55.6	53.2	50.7	49.1
56.2	—	—	—	—	—	—	—	—	59.3	56.0	53.5	51.1	49.4
56.4	—	—	—	—	—	—	—	—	59.7	56.4	53.9	51.4	49.8
56.6	—	—	—	—	—	—	—	—	—	56.8	54.3	51.8	50.1
56.8	—	—	—	—	—	—	—	—	—	57.2	54.7	52.2	50.5
57.0	—	—	—	—	—	—	—	—	—	57.6	55.1	52.5	50.8
57.2	—	—	—	—	—	—	—	—	—	58.0	55.5	52.9	51.2
57.4	—	—	—	—	—	—	—	—	—	58.4	55.9	53.3	51.6
57.6	—	—	—	—	—	—	—	—	—	58.9	56.3	53.7	51.9
57.8	—	—	—	—	—	—	—	—	—	59.3	56.7	54.0	52.3
58.0	—	—	—	—	—	—	—	—	—	59.7	57.0	54.4	52.7
58.2	—	—	—	—	—	—	—	—	—	—	57.4	54.8	53.0
58.4	—	—	—	—	—	—	—	—	—	—	57.8	55.2	53.4
58.6	—	—	—	—	—	—	—	—	—	—	58.2	55.6	53.8
58.8	—	—	—	—	—	—	—	—	—	—	58.6	55.9	54.1
59.0	—	—	—	—	—	—	—	—	—	—	59.0	56.3	54.5
59.2	—	—	—	—	—	—	—	—	—	—	59.4	56.7	54.9
59.4	—	—	—	—	—	—	—	—	—	—	59.8	57.1	55.2
59.6	—	—	—	—	—	—	—	—	—	—	—	57.5	55.6
59.8	—	—	—	—	—	—	—	—	—	—	—	57.9	56.0
60.0	—	—	—	—	—	—	—	—	—	—	—	58.3	56.4

注:本表系按全国统一曲线制定。

单元九　交通工程设施测试技术

知识点:

1. 交通工程设施的构成及其作用;
2. 交通安全设施的现场实测项目。

技能点:

能进行简单交通安全设施的现场检测。

课题一　概　　述

一、交通工程设施构成

交通工程设施由交通安全设施和机电设施两大部分组成。交通安全设施由护栏、交通标志、标线、视线诱导设施、隔离设施、防眩设施等组成;机电设施由通信、监控、收费、配(供)电照明等设施系统组成。

1. 交通安全设施

1)护栏

护栏是设置于高速公路两侧及中央分隔带,用以防止车辆驶出公路或闯入对向车道的设施。其作用是一旦车辆失控发生事故,可使其对乘客的伤害及对车辆的破坏减少到最低限度,使车辆恢复正常行驶。同时防撞护栏对驾驶员具有视线诱导的作用。

2)交通标志、标线

道路交通标志是用图形符号、颜色和文字向交通参与者传递特定信息,用以管理道路交通的安全设施。其具体作用是提供交通信息,起到道路语言作用;指挥控制交通,保障交通安全;指路导向,提高行车效率,是交通管理部门执法的依据。所以交通标志和标线是车辆行驶的指南,是保证车辆安全行驶及道路畅通的必要交通设施。

3)视线诱导设施

为防止在雾、雨天气及夜间行驶时驾驶人因看不清道路标线,而致使汽车失去方向,一般在高速公路中央分隔带两侧及道路的两侧每隔一定距离设置视线诱导设施。视线诱导设施能将车头灯光反射出十分醒目的橘黄色的光,使驾驶人员容易看清道路的行进方向。目前广泛使用的线形诱导设施有轮廓标、突起路标、线形诱导标、分合流诱导标。

4)隔离设施

隔离设施是用于封闭高速公路的设施,以防止行人、牲畜或野生动物进入高速公路。一般在道路用地边缘设置成金属网或刺钢丝网等。

5)防眩设施

防眩设施设于中央分隔带,夜间行车时,它是可以防止对向来车灯光对驾驶人造成眩目的人工构造物。通常采用植树防眩、百叶板式或金属网式防眩栅等方法,设置高度一般为 1.4 ~ 1.7m。

2. 机电设施

1）通信系统

通信系统的设置主要是为了确保高速公路系统内部的语音、数据、图像信息能准确、及时地传输，以满足运营管理的通信需求。高速公路通信系统由综合业务交换、通信传输、移动通信、紧急电话四个部分组成。

2）监控系统

监控系统是利用电子技术和计算机及其网络系统，从事高速公路管理，对道路安全、交通状况等进行实时的监视和控制，从而使其达到"安全、高速、舒适、方便、环保"的目的。监控系统一般由信息采集子系统、信息处理子系统和信息提供子系统组成。

3）收费系统

收费系统涉及机械工程、电子工程、通信工程、自动控制工程、计算机应用工程、交通工程等学科，是一个较为复杂的综合系统。按收费形式分类，有均一式、开放式、封闭式和混合式；按人工参与程度分类，有人工式、半自动式和全自动式；按通行卡方式分类，有穿孔卡式、磁卡式、IC 卡式和电子标签式。目前半自动 IC 卡收费系统应用比较广泛。

半自动收费系统主要由中心计算机系统、分中心计算机系统、收费站控制机、收费车道设备、计算和连接网络组成。全自动收费系统一般采用射频识别系统辅以自动车型识别技术组成。随着高速公路网的形成、交通量的增长，为了提高收费服务水平和有效地进行道路管理，不停车电子收费（ETC）系统是将来收费系统的发展趋势。

4）供配电照明系统

高速公路供配电照明系统，是交通机电设施的重要组成内容之一。供配电照明系统是高速公路附属工程配套设施，其目的在于确保高速公路机电设备的用电安全、合理和可靠，满足高速公路管理部门生产、生活的需要，确保高速公路安全、畅通、经济、快速和舒适等综合效益最大限度的发挥，实现高速公路运营与管理过程的现代化。其系统主要由高低压供配电系统、线路敷设、备用电源系统、道路照明系统、隧道配电照明系统、防雷系统、接地系统组成。

二、交通工程设施检测的目的和意义

交通工程设施是确保高速公路实现其高速、经济、安全、舒适功能的必要条件。交通工程设施的各项功能能否充分发挥作用，取决于交通安全设施、监控系统、通信系统的质量及性能，其质量及性能的优劣直接关系到高速公路的效能，因此，交通工程设施、设备的质量是至关重要的。交通工程检测的目的是确保交通工程设施、设备、产品质量及施工质量合格，以保证交通安全和实现现代化交通管理的效果。

三、交通安全设施现场实测项目

1. 波形梁钢护栏

波形梁钢护栏，如表 9-1 所示。

2. 交通标志

交通标志，如表 9-2 所示。

波形梁钢护栏实测项目 表 9-1

项次	检查项目	规定值或允许偏差	检查方法和频率	权值
1	波形梁板基底金属厚度(mm)	±0.16	板厚千分尺:抽检 5%	2
2	立柱壁厚(mm)	4.5 ±0.25	测厚仪、千分尺:抽检 5%	2
3	镀(涂)层厚度(μm)	符合设计	测厚仪:抽检 10%	2
4	拼接螺栓(45 号钢)抗拉强度(MPa)	≥ 600	抽样做拉力试验,每批 3 组	1
5	立柱埋入深度	符合设计规定	过程检查,直尺:抽检 10%	1
6	立柱外边缘距路肩边线距离(mm)	±20	直尺:抽检 10%	1
7	立柱中距(mm)	±50	钢卷尺:抽检 10%	1
8	立柱竖直度(mm/m)	±10	垂线、直尺:抽检 10%	2
9	横梁中心高度(mm)	±20	直尺:抽检 10%	2
10	护栏顺直度(mm/m)	±5	拉线、尺量:抽检 10%	2

交通标志安装实测项目 表 9-2

项次	检查项目	规定值或允许偏差	检查方法和频率	权值
1	标志板外形尺寸	±5,当边长尺寸 >1.2m 时允许偏差为边长的 ±0.5%;三角形内角应为 60° ±5°	钢卷尺、万能角尺、卡尺:检查 100%	1
	标志底板厚度(mm)	不小于设计		
2	标志汉字、数字、拉丁字的字体及尺寸(mm)	应符合规定字体,基本字高不小于设计	字体与标准字体对照,字高用钢卷尺:检查 10%	1
3	标志面反光膜等级逆反射系数($cd \cdot lx^{-1} \cdot m^{-2}$)	反光膜等级符合设计,逆反射系数值不低于《公路交通标志板技术条件》(JT/T 279—2004)规定	反光膜等级用目测初定;便携式测定仪:检查 100%	2
4	标志板下缘至路面净空高度及标志板内侧距路肩边缘距离(mm)	+100,0	直尺、水平尺或经纬仪:检查 100%	1
5	立柱竖直度(mm/m)	±3	垂线、直尺:检查 100%	1
6	标志金属构件镀层厚(μm)	标志柱、横梁≥78,紧固件≥50	测厚仪:检查 100%	2
7	标志基础尺寸(mm)	-50,+100	钢尺、直尺:检查 100%	1
8	基础混凝土强度(MPa)	在合格标准内	基础施工同时做试件每处 1 组(3 件):检查 100%	1

3. 交通标线

交通标线,如表 9-3 所示。

路面标线实测项目 表 9-3

项次	检查项目		规定值或允许偏差	检查仪具和频率	权值
1	标线线段长度（mm）	6000	±50	钢卷尺:抽检 10%	1
		4000	±10		
		3000	±30		
		1000～2000	±20		
2	标线宽度（mm）	400～450	+15,0	钢尺:抽检 10%	1
		150～200	+8,0		
		100	+5,0		
3	标线厚度（mm）	常温型(0.12～0.4)	-0.03～+0.10	湿膜厚度计、干膜用水平尺、塞尺或卡尺:抽检 10%	2
		加热型(0.20～0.4)	-0.05～+0.15		
		热溶型(1.0～4.50)	-0.10～+0.50		
4	标线纵向间距（mm）	9000	±45	钢卷尺:抽检 10%	1
		6000	±30		
		4000	±20		
		3000	±15		
5	标线横向偏位(mm)		±30	钢卷尺:抽检 10%	1
6	标线剥落面积		剥落面积占检查总面积 0%～3%	4 倍放大镜:目测检查	1
7	反光标线逆反射系数($mcd \cdot lx^{-1} \cdot m^{-2}$)		白色标线≥150 黄色标线≥100	反光标线逆反射系数测量仪:抽检 10%	2

4. 视线诱导设施

1）轮廓标

轮廓标，如表 9-4 所示。

轮廓标实测项目 表 9-4

项次	检查项目	规定值或允许偏差	检查仪具和频率	权值
1	柱式轮廓标尺寸(mm)	三角形断面:底边允许偏差为±5，三角形高允许偏差为±5；柱式轮廓标的总长允许偏差为±10	钢尺:抽检 10%	1
2	安装角度(°)	0°～5°	花杆、十字架、卷尺、万能角尺:抽检 10%	1
3	纵向间距(mm)	±100	钢卷尺:抽检 10%	1
4	反射器中心高度(mm)	±20	直尺:抽检 10%	1
5	反射器外形尺寸(mm)	±5	卡尺、直尺:抽检 10%	2
6	光度性能	在合格标准内	检查检测报告	2

2）突起路标

突起路标，如表 9-5 所示。

突起路标实测项目 表 9-5

项次	检 查 项 目	规定值或允许偏差	检查方法和频率	权值
1	安装角度(°)	±5	角尺:抽检 10%	1
2	纵向间距(mm)	±50	钢卷尺:抽检 10%	1
3	损坏及脱落个数	<0.5%	检查损坏及脱落个数,抽检 30%	2
4	横向偏位(mm)	±50	钢卷尺:抽检 10%	2
5	承受压力(kN)	>160	检查测试记录	1
6	光度性能	在规定范围内	检查测试报告	2

5. 隔离设施

隔离设施(隔离栅和防落网),如表 9-6 所示。

隔离栅和防落网实测项目 表 9-6

项次	检 查 项 目	规定值或允许偏差	检查方法和频率	权值
1	高度(mm)	±15	钢卷尺:每 100 根测 2 根	1
2	镀(涂)层厚度(μm)	符合设计	测厚仪:抽检 5%	2
3	立柱埋深	符合设计	直尺:过程检查,抽检 10%	2
4	网面平整度(mm)	±2	直尺、塞尺:抽检 5%	2
5	立柱中距(mm)	±30	钢卷尺:每 100 根测 2 根	1
6	混凝土强度(MPa)	在合格标准内	基础施工同时做试件,每工作班做 1 组(3 件),检查试件的强度,抽检 10%	2
7	立柱竖直度(mm/m)	±8	垂线、直尺:每 100 根测 2 根	1

6. 防眩设施

防眩设施,如表 9-7 所示。

防眩设施实测项目 表 9-7

项次	检 查 项 目	规定值或允许偏差	检查方法和频率	权值
1	安装高度(mm)	±10	钢卷尺:抽检 5%	2
2	镀(涂)层厚度	符合设计	涂层测厚仪:抽检 5%	1
3	防眩板宽度(mm)	±5	直尺:抽检 5%	1
4	防眩板设置间距(mm)	±10	钢卷尺:抽检 10%	1
5	竖直度(mm/m)	±5	垂线、直尺:抽检 10%	1
6	顺直度(mm/m)	±8	拉线、直尺:抽检 10%	2

课题二　交通安全设施现场质量检测

一、波形梁钢护栏现场质量检测

1. 波形梁厚度检验

在去除两端各 500mm 范围后,在板每边任取 3 个点,用板厚千分尺(量程为 25mm,精度为 0.01mm)量取,取平均值,扣除镀锌(镀铝)层厚度后,得到其厚度。如图 9-1 所示。

2. 立柱壁厚检验

用卡尺(精度为0.02mm)在立柱两端各量取3次,取平均值(共6个值)。如立柱已打入,且柱帽不易取下时,应采用超声波测厚仪测量,在立柱的三个方向的不同高度各量取3次,取平均值,扣除镀锌(镀铝)层厚度后,得到其厚度。

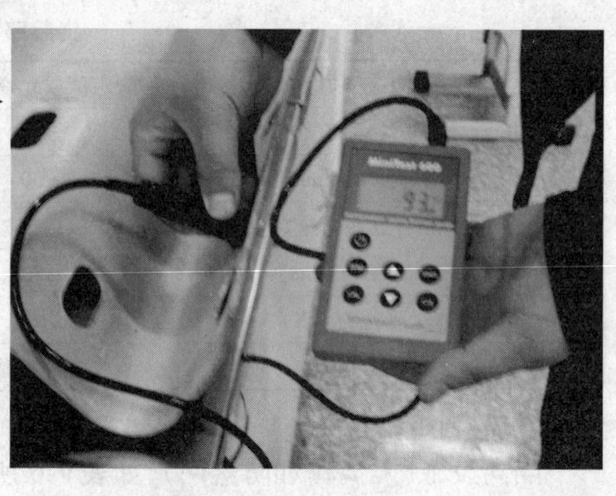

图 9-1

3. 镀层厚度检验

热浸镀锌(铝)层厚度检验,采用测厚仪(量程为1200μm,精度为1μm)测量锌(铝)层厚度,在波形梁板、立柱及其他构件表面(板的正反面)各测4个点。如图9-2及图9-3所示。

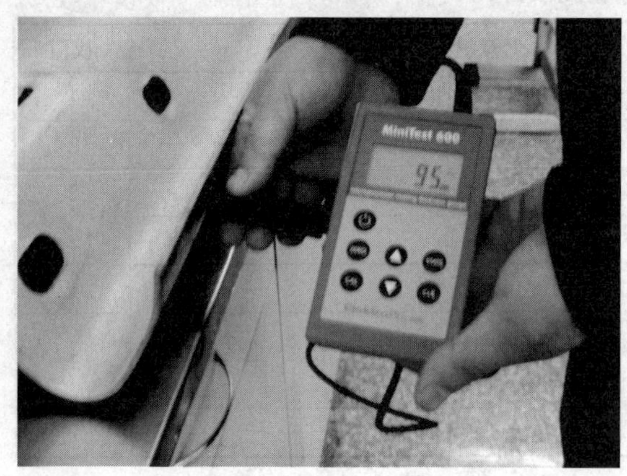

图 9-2

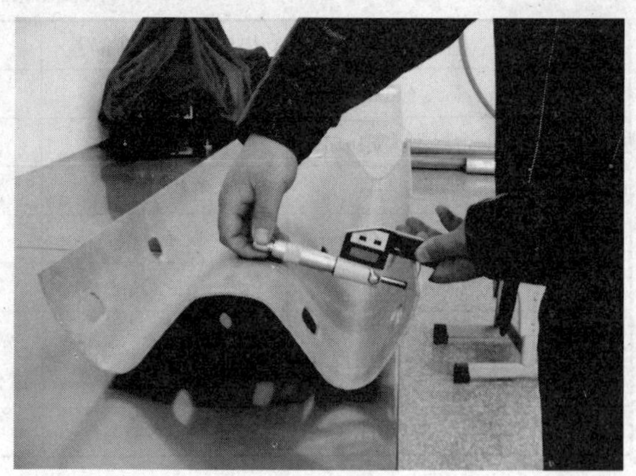

图 9-3

4. 立柱竖直度检验

用吊垂线和直尺(精度0.5mm)测量立柱的竖直度。用垂线对照立柱的竖直度,固定垂线,量取立柱偏离垂线的距离及其对应的立柱长,每处测量3次,计算竖直度后取平均值。

5. 护栏顺直度检验

直线段护栏不允许有明显的凹凸现象,在200m的直线上,三点应成一线;曲线段护栏应与线形协调一致,护栏应圆滑顺畅;中央分隔带开口端头护栏的抛物线形应与设计图相符。

二、交通标志现场质量检测

交通标志现场质量检测,主要是对标志面反光膜等级及逆反射系数进行检验:

1. 检查标志面反光膜等级

对标志面反光膜等级进行检查的方式主要是目测。标志板所用反光膜,应与设计文件规定的等级相符。检查时,可对照《道路交通标志和标线》(GB 5768—1999)附录A参考色样的反光膜等级进行核对,判定采用的反光膜等级与设计文件规定的等级是否相符。

2. 测试反光膜的逆反射系数

反光膜的逆反射系数,可用试样与标准样板对比的测量方法和仪器进行测试。其标准样板应定期到计量检定单位标定。

三、交通标线现场质量检测

1. 标线线段长度检验

(1)检查的标线包括纵向标线、横向标线等各种中心虚线、车道分界线。检查时应按线段长度分别进行。

(2)用钢卷尺(精度0.5mm)测量各种线段,每处测量(各种线段)3次,取平均值。

2. 标线宽度检验

(1)检查的标线包括纵向标线、横向标线和其他标线。检查应按线段宽度分别进行。

(2)用量程为500mm(精度0.5mm)的钢直尺,选择标线清晰、边缘整齐的地方,取垂直方向量取宽度,每处测量3次,取平均值。

复习思考题

1. 交通工程设施由哪两部分组成?
2. 交通安全设施由哪几部分组成?
3. 机电设施由哪几部分组成?
4. 护栏的作用是什么?
5. 视线诱导设施的作用是什么?
6. 防眩设施的作用是什么?
7. 简述如何利用板厚千分尺测量波形梁厚度。
8. 简述如何利用钢卷尺测量标线的长度、宽度。

参考文献

[1] 中华人民共和国行业标准. 公路土工试验规程(JTG E40—2007). 北京:人民交通出版社,2007.

[2] 中华人民共和国行业标准. 公路路基路面现场测试规程(JTG E60—2008). 北京:人民交通出版社,2008.

[3] 中华人民共和国行业标准. 公路工程质量检验评定标准(JTG F80/1—2004). 北京:人民交通出版社,2004.

[4] 中华人民共和国行业标准. 回弹法检测混凝土抗压强度技术规程(JGJ T23—2001). 北京:中国建筑工业出版社,2001.

[5] 张超. 路基路面试验检测技术. 北京:人民交通出版社,2004.

[6] 徐培华. 路基路面试验检测技术. 北京:人民交通出版社,2000.

[7] 郭秀芹. 公路工程现场测试. 北京:人民交通出版社,2005.

[8] 周若愚. 公路工程现场测试技术. 北京:人民交通出版社,2001.

[9] 钱进. 公路工程测试技术. 北京:人民交通出版社,2008.

[10] 张斌. 实验室质量管理体系. 北京:中国标准化出版社,2006.

[11] 金桃,张美珍. 公路工程检测技术. 北京:人民交通出版社,2005.

[12] 乔志琴. 公路工程试验检测. 北京:人民交通出版社,2007.

[13] 王建军,韩荣良. 交通工程设施试验检测技术(第一版). 北京:人民交通出版社,2004.